IN ZWEI WELTEN

EVA WEBER

MIGRATION UND KUNST

neue kritik

Herausgegeben mit freundlicher Unterstützung der Georg und Franziska Speyer'sche-Hochschulstiftung
und der Fachhochschule Frankfurt am Main

Fotonachweis:
Jörg P. Anders, Berlin (Abb. 31, 52, Tafel XX, XXI)
Ingrid Geske-Heiden, Berlin (Abb. 20, 54, 55)
J. Littkemann, Berlin (Tafel VI)

CIP-Titelaufnahme der Deutschen Bibliothek

Weber, Eva:
In zwei Welten : Migration u. Kunst / Eva Weber. — Frankfurt
am Main : Neue Kritik, 1988
ISBN 3-8015-0220-1

Lithos: Miess & Voswinkel GmbH Köln
Druck: Fuldaer Verlagsanstalt GmbH Fulda
Umschlag: Vlassis Caniaris, ohne Titel, 1975

Inhalt

Einleitung

Traum:

»Irgendwann bekam ich Sehnsucht nach einem Traumleben. Durch die Lektüre ausländischer Zeitungen und Zeitschriften, durch die Werbung und durch den Kontakt mit Europäern hatte sich in mir der Gedanke festgesetzt, daß man in ihren Ländern leichter und besser leben könnte.« (Ehrari, Iran, 1982)[1]

Ernüchterung:

» . . . und ich kam nach Berlin. Es war ganz anders und viel schwieriger als bei den früheren Wanderungen. Ich konnte kein Wort deutsch. Ich wollte nach ein paar Tagen wieder zurück. Das Wetter war kalt, die Menschen auch — und einsam. Die Menschen sind sehr hektisch hier, sie arbeiten auch sehr schnell. Auf den Straßen gab es ganz wenige lachende Menschen, aber die Straßen waren sehr sauber.« (Yeter, Türkei, 1982)[2]

Zwischen den Welten:

»Ich fühle mich weiterhin als Ausländerin und Exilierte, das heißt in der Lage derer, die nie ganz zur täglichen Realität gehören, die psychisch und materiell immer in einer Situation des Übergangs leben.« (Boisier, Chile, 1981)[3]

Sehnsucht:

»Mein Land fehlt mir, mir fehlen die Fresken, die Skulpturen, die klassische Architektur. Es besteht ein bemerkenswerter Unterschied, macht man einen Spaziergang in Düsseldorf, Wuppertal, Köln — oder in Siena, Florenz, Rom . . . Der Neoklassizismus, der mich inspiriert, bringt mich Italien, seiner Seele, seiner Geschichte näher. Insofern betrachte ich mich als Emigranten, der eine nostalgische Malerei macht, der Teile seiner Vergangenheit sucht.« (Medagli, Italien, 1985)[4]

In zwei Welten:

»Ich habe meine Kontakte zu Griechenland nie unterbrochen, im Gegenteil. Ich habe immer das Gefühl, daß ich gleichzeitig auch dort existiere und präsent bin. Ohne die Dimension des Weggehens kann ich auch in Berlin nicht richtig leben. Es ist ein Versuch auf der Suche nach dem Absoluten, das es nicht gibt.« (Psychopedis, Griechenland, 1982)[5]

Solche Stimmungsbilder — quasi Momentaufnahmen des Bewußtseins von Künstlern — signalisieren Vielfalt; die Vielfalt der Motive und Erfahrungsmöglichkeiten eines Lebens, das durch Auswanderung gekennzeichnet ist.
In dieser Arbeit soll von Künstlern die Rede sein, deren Werk etwas wiedergibt oder gekennzeichnet ist von den großen Wanderungsbewegungen der letzten Jahrzehnte. In dieser Zeit strömten etwa 30 Millionen Menschen in die reichen Industrieländer Westeuropas. Sie kamen aus ehemaligen Kolonien, als Wanderarbeiter aus wirtschaftlich unterentwickelten Gegenden der europäischen Peripherie, oder aber aus Krisengebieten, auf der Flucht vor Militärdiktaturen, Krieg und Hunger.
Auch die Bundesrepublik Deutschland wurde zu einem beliebten Ziel der Emigranten: Der deutsche Wiederaufbau und das »Wirtschaftswunder« übten eine starke Anziehungskraft aus.

»Als das mit Deutschland aufkam, sagte ich mir, so wie jedermann, ich auch: Deutschland ist ein kleines Amerika ... Dort hat jeder einen Wagen. Moderne Wohnungen mit Bad, stangenweise Anzüge, Nylonhemden und Geliebte, die er an den Straßenecken küßt, genau wie im Film ...« (Aras Ören, Türkei, 1973)[6]

Von der Bundesrepublik wurden in großer Zahl Arbeitskräfte aus Italien, Spanien, Griechenland, Jugoslawien, der Türkei und Marokko angeworben.[7] Zudem zog ein liberales Asylrecht Flüchtlinge aus aller Welt an.

Im Zuge dieser großen Wanderungsbewegungen kamen auch zahlreiche ausländische Künstler in die Bundesrepublik. Sie kamen oft mit Stipendien ihrer Heimatländer oder vermittelt über kulturelle Austauschprogramme; bisweilen auch als »Gastarbeiter«, die in ihrer Freizeit malten, oder aber als politische Flüchtlinge, die im Exil versuchten, ihre Kulturarbeit fortzusetzen (z.B. aus Chile).[8]

Diesen Künstlern ist gemeinsam, daß sie sich von einem Aufenthalt in Deutschland eine Verbesserung ihrer Existenzbedingungen versprachen, sowie Anregungen und künstlerische Weiterentwicklung durch den deutschen Kulturbetrieb. Bisweilen suchten sie auch in einem demokratischen Land Schutz vor Verfolgung oder hofften zumindest, der Zensur in ihrem Herkunftsland zu entgehen. Neben Berlin spielten auch München, Frankfurt, Düsseldorf oder Köln eine zentrale Rolle als neue Heimat.

Trotz aller Vielfalt der Migrationsgeschichten formulierten die Künstler auch ähnliche Eindrücke: So etwa zu Beginn die Erfahrung von Fremdheit und Einsamkeit, von Schwierigkeiten der Existenzgründung, von kultureller Verunsicherung. Fast alle stellen Veränderungen und Weiterentwicklungen sowohl in ihrem Verhältnis zum Gastland als auch zur Heimat fest. Die Gefühle für das Herkunftsland sind oft ambivalent, sie können zwischen Sehnsucht, Idealisierung und Verachtung schwanken. Eine Reihe von Künstlern haben Deutsche geheiratet, sprechen gut deutsch und haben sich Zugang zum deutschen Kulturbetrieb schaffen können. Für viele gingen also die Erwartungen an ein Leben in Deutschland durchaus in Erfüllung, obwohl meist nicht ein so langjähriger — vielleicht lebenslanger — Aufenthalt geplant war. Dies schließt nicht aus, daß viele auch die Erfahrung von Diskriminierung machen mußten. Immer wieder beklagen sie, daß sie bevormundet und in ein »Ausländerkulturghetto« abgedrängt werden:

»Der Rat, unsere eigene Kultur zu verfolgen, kann sehr gut gemeint sein. Er kann aber auch eine Falle sein, damit wir immer schön exotisch bleiben und nie richtige Partner werden.« (Antonio Hernando)[9]

Sensibel reagierten sie auf den Widerspruch zwischen einer sich verschärfenden deutschen Ausländerpolitik, die die allgemeine Lage von Immigranten massiv beeinträchtigt, und andererseits »Alibi-Kulturveranstaltungen«, die beweisen sollen, »daß unsere lieben ausländischen Mitbürger nicht nur arbeiten können, sondern auch Kultur haben«. Sie spüren auch oft die Arroganz des westlichen Avantgardekunstbetriebes — so z.B. Hanefi Yeter: »Mir wurde auch gesagt, daß ich ein Mensch aus der Dritten Welt bin«.[10]

Kompliziert wird die Situation zudem dadurch, daß etliche ausländische Künstler einer anderen gesellschaftlichen Schicht angehören (oder sich zu ihr emporgearbeitet haben) als die Masse ihrer Landsleute. Sie beklagen bisweilen, immer mit »Gastarbeitern« in einem Atem genannt zu werden, oder aber auch, von diesen nicht verstanden zu werden. Mit westlicher Kulturarroganz, Rassismus oder aber den »Wiedergutmachungsversuchen« und dem Mitleid deutscher Liberaler gehen die Ausländer ganz verschieden um. Sie reagieren mit Abwehr oder Flucht in Anpassung oder gehen politisch selbstbewußt auf kritische Distanz. Was alle Künstler am liebsten erreichen wollen, ist Normalität und Selbstverständlichkeit, einen selbstverständlichen Stellenwert innerhalb des deutschen Kulturbetriebes. Nach langen Jahren des Aufenthaltes in der BRD wollen sie keine »ausländischen Künstler« mehr sein, schon gar nicht »malende Gastarbeiter«.

Immer wieder betonen sie, daß schließlich Kunst international sei.[11] Die Entwicklungen gehen auch zunehmend in diese Richtung: es kommt zur selbstverständlichen

Zusammenarbeit mit deutschen Künstlern oder zur gleichberechtigten Teilnahme an öffentlichen Ausschreibungen.

Auch meine Untersuchung einer Kunst in der Emigration stellt Fragen an Künstler in ihrer Situation als Ausländer; allerdings versucht sie gerade den diffizilen Veränderungsprozessen, die sich im Verhältnis Herkunftsland — Gastland ergeben, den komplizierten Migrationsbiographien und dem Verlauf der künstlerischen Entwicklungen, die ja von diesen Veränderungen nicht unabhängig sind, nachzugehen. Sie versucht auch, emotionalen Reaktionen, Bewußtwerdungsprozessen, Abwehrmechanismen, Projektionen der Künstler nachzuspüren und diese über Werkanalysen und Äußerungen der Künstler zu belegen. Dies ist ein anspruchsvolles Unterfangen, das niemals von der Annahme einer direkten Widerspiegelung erlebter Realität im Kunstwerk ausgeht, vielmehr größte Komplexität im Verhältnis Bild — Abbild annimmt, die selten monokausale Erklärungen und Deutungen zuläßt. Konstatiert wird vielmehr die Mehrdimensionalität wahrhaft kreativer Prozesse, einschließlich der vielen unbewußten Faktoren sowohl beim Künstler als auch beim Betrachter.[12]
Die hier vorliegende Untersuchung wird von zwei zentralen Fragen geleitet; einmal wird nach der Auseinandersetzung von Kunst mit Migration gefragt, zum anderen nach Stilkomponenten aus den Kulturkreisen der Herkunftsländer und der stilistischen Auseinandersetzung mit in der Fremde Vorgefundenem.
Faszinierend ist, daß der distanzierte Blick des Künstlers, der aus einem ganz anderen kulturellen Zusammenhang kommt, zu einer Infragestellung selbstverständlicher Verhältnisse, zu einer »Verfremdung von Vertrautem« führen kann. Wie im Brennspiegel werden Ungleichzeitigkeiten in den Entwicklungsprozessen ganzer Gesellschaften wahrgenommen und manche Fehlentwicklungen mit großer Schärfe aufgezeigt. Vor dem Hintergrund der Erfahrungen weit weniger industrialisierter Gesellschaften kommt es zu einem Schock angesichts der häufig von einem Verlust an humanen und kommunikativen Fähigkeiten begleiteten Hochtechnisierung.
Gefragt wird nun, ob es besondere Qualitäten einer Kunst in der Emigration gibt und ob sich spezifische Kulturkomponenten der großen Ausländergruppen nachweisen lassen, die in den letzten Jahrzehnten vorwiegend aus dem Mittelmeerraum nach Deutschland eingewandert sind. Gefragt wird nach Ikonologie und Stil einer solchen Kunst — diese lassen sich am eindeutigsten untersuchen an Werken, die Migrationserfahrungen explizit thematisieren (sie stammen meist aus den 70er Jahren), sowie an Werken, über deren stilistische Herkunft oder über deren ästhetische Verarbeitung einer Kultursynthese deutliche Aussagen gemacht werden können. Ausgeklammert wurden Künstler, die sich stilistisch und thematisch kaum von der deutschen Kulturszene abheben, sich auch oft bewußt nicht abheben wollen.
Sichtet man das große und vielfältige Œuvre ausländischer Künstler unter solchen Aspekten, läßt sich einmal so etwas wie eine Migrationsgeschichte in Bildern zusammentragen, zum anderen wird eine Analyse der ästhetischen Verarbeitung interkultureller Bewußtseinslagen möglich und man kann beobachten, wie sich Erfahrungen aus divergierenden Kulturkreisen in Bildern niederschlagen und mischen.
Neu ist der Versuch einer Gesamtschau des breiten Spektrums einer Kunst in der Emigration heute.[13] Ausgangspunkt war die Beobachtung, daß eine Reihe von Inhalten bei Künstlern aus ganz verschiedenen Ländern in vergleichbarer Weise auftauchen, wohl als Ausdruck der Ähnlichkeit ihrer Situation als Emigranten. Methodische Überlegungen führten weiterhin zu einer Entscheidung für eine historische Betrachtungsweise — gilt es doch, einen inzwischen jahrzehntelangen Prozeß nachzuvollziehen, der mit beachtlichen inhaltlichen und stilistischen Veränderungen einherging. Dies führte zu einer idealtypischen Annahme verschiedener *Etappen in der künstlerischen Auseinandersetzung*:

Der Blick zurück: Künstler befassen sich mit ihrem Herkunftsland und den Bedingungen, die zur Auswanderung führten. Häufig ist ihnen erst in der Emigration die Möglichkeit zur kritischen Auseinandersetzung gegeben.

Bilder der Wanderung: Die Erfahrungen von Ortswechsel, von Gebundensein an die Ferne und erschwerter Kommunikation sind für fast alle Künstler grundlegend, sie finden ihren Ausdruck in den vielen »Kofferbildern«, »Briefbildern« und Bildern von Bahnhöfen.

Blick aufs Neue Land: Künstler beschäftigen sich mit der Situation in der Emigration — es entstehen Bilder über die Lebensbedingungen ethnischer Minderheiten.

Vom Auswanderer zum Einwanderer: Nach längerem Aufenthalt sind ganz verschiedene Entwicklungen zu beobachten: Einige Künstler beschäftigen sich jetzt verstärkt mit der deutschen Umwelt, andere ziehen sich betont ins Private, Subjektive zurück. Kunst kann auch den Charakter von »Erinnerungsarbeit« haben mit der Funktion, individuelle oder kollektiv-kulturelle Vergangenheit zu verarbeiten.

Rückkehr (in einigen Fällen) oder *Pendler zwischen zwei Welten*: Diese Varianten sind durch neue Qualitäten in der Auseinandersetzung mit dem Herkunftsland geprägt.

Selbstverständlich sind bei keinem Künstler alle Etappen in dieser Reihenfolge zu vermerken, versucht wird hier vielmehr eine Systematisierung des Gesamtphänomens einer Kunst in der Emigration. Bei einem einzelnen Künstler lassen sich meist nur einige Stufen beobachten. Die häufige Erfahrung ähnlicher Entwicklungsprozesse rechtfertigt aber die Annahme gewisser typischer Verläufe — so etwa die allmähliche Abkehr vieler Künstler von der direkten Thematisierung der Emigration und die Hinwendung zu verstärkter inhaltlicher und stilistischer Auseinandersetzung mit Gesellschaft und Kunst der neuen Heimat.
Der Untersuchungsansatz dieser Arbeit stützt sich auf eine Reihe von detaillierten Werkanalysen, die sowohl ästhetische und stilistische Komponenten als auch gesellschaftliche Hintergründe aufzeigen wollen. Eine Beschränkung auf eine Auswahl von Künstlern ist die Folge. Sie stammen aus Italien, Jugoslawien, Griechenland, der Türkei, dem Iran und aus Chile. Diese Auswahl bemüht sich einerseits, anerkannte künstlerische Repräsentanten großer Migrantengruppen zu berücksichtigen, ist aber andererseits auch durchaus von zufälligen und persönlichen Vorlieben geprägt. Eine Reihe von Aussagen zu den hier vorliegenden Werken könnten in ähnlicher Weise auch über vergleichbare andere Arbeiten gemacht werden. Diese Erkenntnis möge zugleich als Rechtfertigung für den hier vertretenen methodischen Ansatz einer Typologie dienen.
Da es aber auch gilt, individuellen Künstlerpersönlichkeiten gerecht zu werden, wird ein *Künstlerregister* erstellt, das Beschreibungen der individuellen Migrationsbiographien enthält sowie deren Reflex im Œuvre beobachtet. Dabei ist ein äußerst kompliziertes Bedingungsgefüge historischer, politischer, kulturgeschichtlicher und individualpsychologischer Faktoren zu berücksichtigen.
Bei der *Stilanalyse* werden zwei Methoden verfolgt: zum einen werden die spezifisch ästhetischen Komponenten zweier Kulturkreise abzuleiten versucht — des abendländisch/antikischen und des orientalisch/islamischen Bereichs. Zum anderen werden kurze zusammenfassende Darstellungen der kulturellen Geschichte einzelner Herkunftsländer gegeben.
Zuletzt wird eine Charakterisierung der Besonderheiten der deutschen Immigrationsgeschichte und -kunst im *Vergleich mit anderen Einwanderungsländern und -epochen* versucht.

> »Eigentlich sollten meine Gedichte zwischen der türkischen und der deutschen Dichtung eine Brücke bilden. So, wie ich selbst in der türkischen und in der deutschen Wirklichkeit lebe. Aber mit der Zeit stellte es sich heraus, daß die beiden Enden der Brücke nicht mehr mit ihren Ufern verbunden waren. Sie konnten es nicht mehr sein. Dabei darf man sich nicht vorstellen, daß sich die Brücke verkürzt hätte. Im Gegenteil, es kommt mir so vor, als wäre die Brücke immer länger geworden, sie dehnt sich noch nach wie vor aus, doch mit noch größerer Geschwindigkeit rücken die beiden Ufer auseinander, denen sie auflag. Im Laufe der Zeit ist die Brücke ein unabhängiges Stück Wirklichkeit geworden.« (Aras Ören)[14]

Anmerkungen

(1) siehe Ehrari, 1982, S. 17

(2) siehe Katalog »Hanefi Yeter«, 1982, S. 12/13

(3) siehe »Annegret Jürgens-Kirchhoff im Gespräch mit Cecilia Boisier« in: Schaffernicht, 1981, S. 166

(4) aus einem Brief von Giuseppe Medagli von 1985

(5) aus Angelika Stepken: »Gespräch mit Jannis Psychopedis« in Katalog »Kunstquartier — Ausländische Künstler in Berlin«, 1982, S. 262

(6) siehe Ören, 1973, S. 25

(7) Ausländer kamen in großer Zahl aufgrund von Anwerbeverträgen in die Bundesrepublik. Verträge wurden abgeschlossen: 1955 mit Italien, 1960 mit Spanien und Griechenland, 1961 mit der Türkei, 1968 mit Jugoslawien... Bis zum Ende der 70er Jahre stellten Italiener die stärkste Ausländergruppe dar, danach kamen vor allem Griechen und Spanier, inzwischen bilden Türken (mit rund 1,5 Mill.) und — mit Abstand dazu — Jugoslawen die größten Ausländergruppen.

(8) siehe Fohrbeck, 1983, Kap. 3. »Bildende Kunst«, und Zentrum für Kulturforschung 1985 (unveröffentlichte Erhebung über ausländische Künstler in der Bundesrepublik mit Daten über 450 Künstler aus 45 Ländern)

(9) siehe Antonio Hernando: »Das Gastspiel eines Gastarbeiters«, in: Werkkreis Literatur der Arbeitswelt, 1981, S. 40

(10) siehe Katalog »Hanefi Yeter«, 1982, S. 13. Hanefi Yeter gehört inzwischen zu den arrivierten Künstlern in der Emigration. Es gibt aber eine ganze Reihe von ausländischen Künstlern, die in Deutschland nicht Fuß fassen konnten und ihren Beruf aufgaben. Obwohl sie in ihren Herkunftsländern erfolgreich waren, wurden sie hier als altmodisch abgewertet (vgl. ein Gespräch mit Ismail Çoban über die Situation türkischer Künstler)

(11) Diese komplizierte und wenig entspannte Situation belastete bisweilen auch meine Arbeit bei den Künstlerinterviews. Der Hinweis auf meine ebenfalls nicht deutsche Staatsbürgerschaft (ich bin Österreicherin) weichte bisweilen die Fronten überraschend auf.

(12) siehe dazu z.B. Holz, 1972

(13) siehe auch Weber, 1986

(14) aus Ören, 1977

1. Kunst in der Emigration — Etappen der Auseinandersetzung

Der Blick zurück

Wenn man um eine Ikonologie der Migrationskunst bemüht ist, stellt sich zunächst die Frage nach den Hintergründen von Emigration und Exil und nach ihrer Thematisierung in der Kunst. In diesem Zusammenhang werden hier Werke von Künstlern aus der Türkei, aus Griechenland, Iran und Chile zusammengestellt. Des öfteren läßt sich nicht eindeutig zwischen Migration und Exil unterscheiden — so kann etwa ein Künstler freiwillig, z.B. als Student, nach Deutschland gekommen sein, später aber infolge von politischen Veränderungen zu Hause, die eine ungefährdete Rückkehr oder unzensierte Kunstausübung nicht zulassen, eigentlich im Exil leben (siehe Beispiele aus dem Iran, aus der Türkei).
Ökonomische Unterentwicklung, Massenarbeitslosigkeit, schroffe gesellschaftliche Gegensätze und politische Unterdrückung sind Hauptgründe für die massenhaften Auswanderungen der letzten Jahrzehnte. Diese Zusammenhänge werden auch in der bildenden Kunst thematisiert.

Beispiel Türkei

Hanefi Yeter lebt seit 1973 in Berlin und schreibt 1980 über sein Land: »Für einen Europäer wäre der Ort, in dem ich geboren bin, ein Schock. Das Leben ist wie vor tausend Jahren, ohne Übertreibung ... Die Türkei ist ein Land voller fruchtbarer Erde inmitten dreier Meere. Die Menschen aber, die in diesem Land leben, sind bitterarm. 60% der Bevölkerung sind Analphabeten. Jedes vierte Kind stirbt, bevor es ein Jahr alt ist. Es gibt vier Millionen Arbeitslose und zehn Millionen Saisonarbeiter. Über zwei Millionen Arbeiter leben in anderen Ländern. In Ostanatolien gibt es für zehntausend Menschen nur einen Arzt. Was noch wichtiger ist, weil dies alles verursacht: nur 300.000 Leute stecken 40% des Volkseigentums in die eigene Tasche. Ich könnte noch vieles sagen über die Türkei, z.B. daß im ersten Halbjahr 1980 zweitausend Menschen Opfer des Terrors geworden sind und daß in diesen Tagen täglich 15 Menschen ermordet werden.«[1]
In der Malerei taucht des öfteren das Bild vom Tisch der prassenden Reichen auf, von dem die Hungernden ausgeschlossen sind: Hanefi Yeters *Pupillen der Hungernden* (Tafel I) entstand 1977 in Berlin. Am überquellenden, üppig bunten Bankettisch sitzen Demirel, Erbakan und Türkeş, die Führer einer bürgerlichen und zweier nationalistischer Parteien, die 1975-77 in Ankara eine gemeinsame Regierung bildeten. Sie stützen sich schwer und satt auf den Tisch, untergehend zwischen Torten, Früchten und Langusten, Schutz suchend vor den riesigen Gestalten des Hungers. Die andere Ebene: zwei Reihen von Köpfen mit schwarzen Augenhöhlen, aufgereiht wie im Beinhaus, Bäuche und knochendürre Füße. Zwischen die anonymen Armen drängt sich das luxuriöse Arrangement der Prasser wie ein bunter Totempfahl. Die Darstellungsqualitäten sind verschieden: expressiv auf der Ebene der Unterdrückten, in düster bedrohlicher Farbigkeit, in symbolhafter Reduktion der Körper — realistisch bunt hingegen der Tisch der Reichen, Abbild einer ungerührten Zufriedenheit. Verschieden sind auch die Perspektiven: der Tisch ist von oben zu sehen, um seine überbordende Fülle deutlich zu machen, die

Hungrigen sind frontal gegeben, suggestiv auf den Betrachter zugehend. Mögliche Sichtweisen kippen: einmal scheinen die Hungergespenster Angstvisionen der Reichen zu sein, einmal scheint das Freßgelage eine Halluzination der halb Verhungerten.

Der »Tisch der Reichen« wird als Bildthema von Yeter noch einige Male variiert. Er findet sich auch bei dem Iraner Akbar Behkalam wieder, der mit Yeter in Berlin jahrelang eng zusammengearbeitet hat, so etwa in den Bildern *Die Hungernden haben serviert* oder *Das Abendmahl.* [2]

1 Mehmet Aksoy, *1. Mai 1977, Istanbul*
1980, Kunststoff, (150x240cm)

Der türkische Bildhauer Mehmet Aksoy lebt seit 1972 ebenfalls in Berlin. Sein Denkmalentwurf *1. Mai 1977, Istanbul* (Abbildung 1) ist den 36 Arbeitern gewidmet, die während der 1. Mai-Demonstration in Istanbul erschossen wurden, als die Geheimpolizei mit automatischen Waffen in die von einer Million Menschen besuchte Kundgebung schoß.[3] Sebahattin Tuncer beschreibt die plastische Gruppe: »Aus weiter Ferne betrachtet, erinnert die Komposition *1. Mai 1977* uns an Bilder am Grab sitzender Menschen. Während die statische Wirkung der am Boden parallel laufenden Grablinie die Stille des Todes assoziiert, symbolisiert der dazu senkrecht emporsteigende Grabstein das Dynamische, die Bewegung, das Leben gegen den Tod ... Für den Aufbau seiner Komposition nimmt Aksoy den im Volksglauben und in der Volkstradition verankerten Dualismus zwischen Leben und Tod zum Ausgangspunkt ... Der Junge liegt wie eine umgekippte Zypresse, aus seinen Füßen, aus den Wurzeln der Zypresse steigt ein Schößling in die Höhe. Das embryonale Kind ist still wie in der Gebärmutter und reif zum Blühen und Wachsen wie eine Knospe ... «[4]

Wichtig scheint es, an dieser Stelle auch auf das Verhältnis des islamischen Kulturkreises zur bildenden Kunst einzugehen. Mehmet Aksoy schreibt dazu: »Der Islam verbietet eigentlich die Anbetung von Statuen ..., die Bildhauertradition, die seit den Hethitern in Anatolien bestand, erlosch ... Nur in einem Bereich, und zwar in der Gestaltung der Grabsteine — so meine ich — leistete die Bildhauerei Widerstand und lebte, wenn auch eingeschränkt, weiter«.[5] (Abb. 2)

Im Falle der Skulpturengruppe *1. Mai 1977* ist es sinnvoll, Interpretationen aus türkischer Sicht heranzuziehen, um Fehldeutungen aus abendländischer Perspektive zu vermeiden. Wir hätten vielleicht die Kindergestalt als »Seele« des Verstorbenen identifiziert, während ein Türke zuerst einmal »Grabstein« assoziiert. Die Dreiergruppe ist zu einer Einheit verschmolzen und dennoch stilistisch differenziert: Die am Boden Hockende ist von realistischem Detailreichtum, Hand, Gesicht und Tuch

2 Grabsteine aus Istanbul
aus Karaccahmette

sind tief zerfurcht. Der nackt ausgestreckte Tote hingegen ist leicht heroisierend geglättet, die Kinderfigur wiederum stilisiert in einer auf Kopf und Rumpf reduzierten Abstraktion, im Umriß türkischen Grabsteinen verwandt. In diesem Werk trifft sich islamisches Totenritual mit christlichen Traditionen, mit dem alten Bildtypus der »Pieta«, der Trauergruppe von Mutter und Sohn.

Eine ähnliche Verschränkung abendländischer und orientalischer Traditionen ist bei Ismail Çoban zu finden, einem türkischen Künstler, der seit 1970 in Wuppertal lebt. Sein monumentales Werk *Die Toten von Milönü* (Abb. 3) hat die Gestalt eines christlichen Flügelaltars und thematisiert das Massaker von Çorum 1980, bei dem Faschisten linke Alewiten bestialisch niedergemetzelt haben. Çorum ist der Heimatort Çobans, Milönü ein Stadtteil, in dem viele Alewiten leben. Nach außen hin wurde das Massaker gerne als Auseinandersetzung zwischen zwei verschiedenen religiösen Gruppen, den Sunniten und den Alewiten, dargestellt. Die »rechtgläubigen« Sunniten (4/5 der Bevölkerung) verfolgen die Alewiten (1/5 der Bevölkerung) schon seit Jahrhunderten, da diese weniger stark an religiösen Riten orientiert sind (sie haben keine Gebetsvorschriften, keine Moscheen, keinen Ramadan ...), religiöse Überlieferungen freier interpretieren und zu linken politischen Positionen neigen.[6] Çoban berichtet, daß es sich aber in erster Linie um einen faschistischen Überfall gehandelt habe, der von Ankara aus, von den Anhängern der MHP, der Partei der nationalen Bewegung des Arpaslan Türkeş, angezettelt worden sei. Çoban ist zutiefst entsetzt über die

3 Ismail Çoban, *Die Toten von Milönü*, 1981, Öl/Leinwand, (240x400cm)

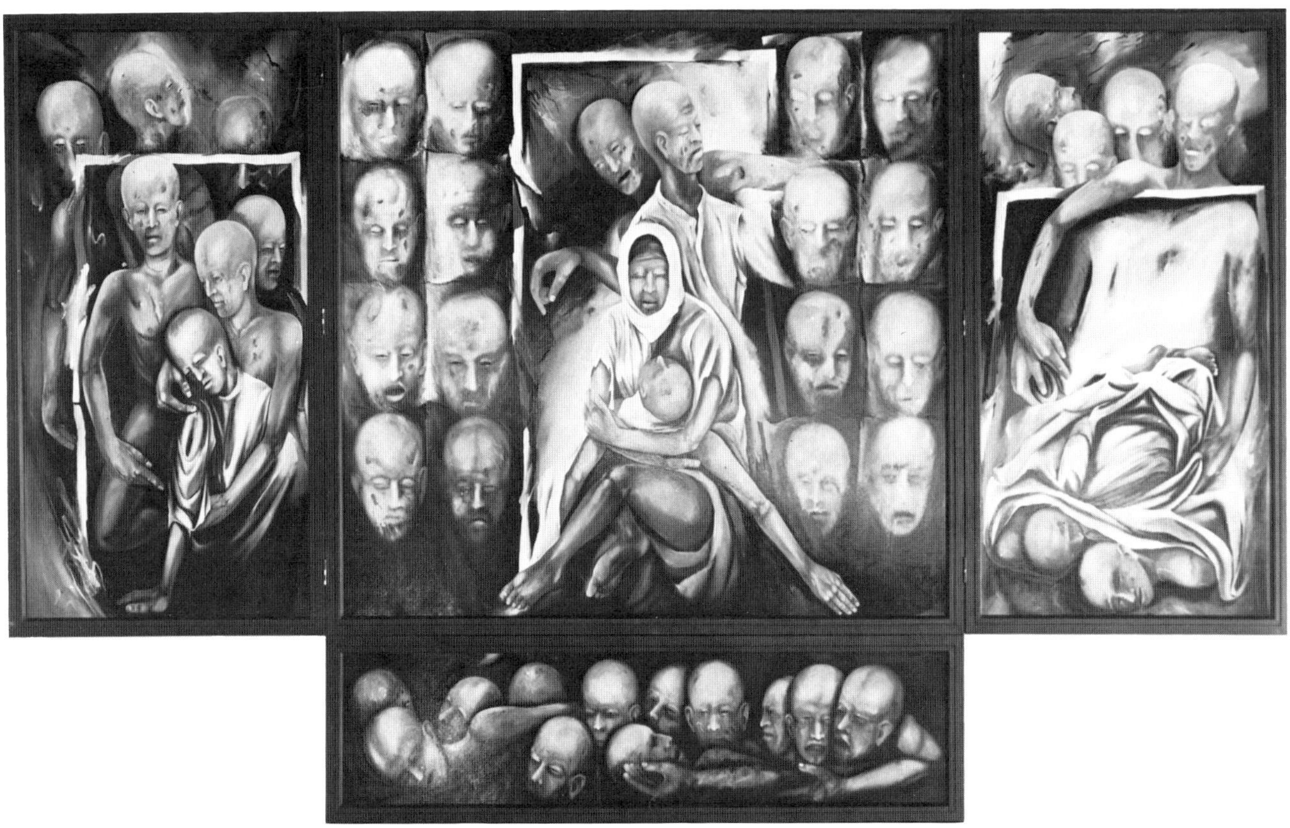

Rolle, die religiöse Fanatiker dabei gespielt haben: In der Moschee hatten die Rechten Gewehre und Munition gesammelt, von der Moschee ging der Überfall auf Milönü aus — am ersten Abend wurden 45 Menschen massakriert, die Polizei pumpte Benzin mit Löschwagen in die Häuser und zündete sie dann an.

»Ich möchte dieses Bild in eine Moschee hängen!« — Çoban versteht sein Werk als Provokation, als Provokation einer Religion, die strikt die Darstellung des Menschen verbietet und in deren Namen Menschen grausam gemordet werden.

Çoban stellt genau 45 Köpfe dar — 45 Tote hat das Massaker am ersten Tag gefordert. Der Aufbau des Bildes, die Anzahl der Figuren enthalten vielfältige Anspielungen auf islamische Religionsvorstellungen. Nach diesen ist »rechts« die Seite der »Ordnung«, »links« bedeutet »Unordnung«. Es gibt sechs Heilige und sieben Verfluchte. Entsprechend stellt Çoban auf dem rechten Flügel sechs, auf dem linken sieben Figuren dar. Im Mittelteil des Bildes zählt man 32 Köpfe analog den 32 islamischen Geboten. In der Gesamtzahl ergibt sich also 45. Unten, auf der Predella des Flügelaltars, sieht man zwölf Köpfe. Dies ist eine Anspielung auf die zwölf Imams, die Religionsgelehrten, die von den Alewiten verehrt werden, da sie religiöse Weisheiten überlieferten und vor allem neu interpretierten. Sunniten erkennen diese zwölf Imams nicht an, »treten sie mit Füßen« — deshalb ordnete sie Çoban ganz unten am Altar an.

Çobans Werk offenbart weniger den streng orthodoxen Moslem als religionsphilosophischen Tiefsinn. Er sieht im Christentum eine dem Islam durchaus verwandte Religion. So knüpft er an christliche Sakralkunst an, wo in seinem eigenen Kulturkreis Darstellungstraditionen fehlen und übernimmt den Typus des Flügelaltars mit beweglichen Flügeln und Predella. In der Mitte des Bildes findet sich wieder eine Totenklage — Mutter und toter Sohn. Daneben sind die vielen verwundeten Köpfe mit geschlossenen Augen gereiht und geordnet, gewaschen und nach altem islamischen Totenritual kahlrasiert. Typisch für die gestalterischen und formalen Qualitäten dieses und auch vieler anderer Werke sind Frontalität und rapide Verkürzungen, suggestive Plastizität, Symmetrie und Statik, sowie eine wandartige Geschlossenheit des Figurenarrangements. *Die Toten von Milönü* ist eine beeindruckende Anklage gegen Grausamkeit, politische und religiöse Verfolgung, vieldeutig und mehrdimensional unter bewußter Umgehung allzu deutlicher historischer Zitate.

Yeter, Aksoy und Çoban nehmen in der Emigration betroffen Anteil an der Entwicklung in der Türkei. Thematisiert werden die Aufnahme von Faschisten in die Regierung (siehe auch Çobans *In Erwartung des Orkans*, Taf. XIV), die Morde bei der 1. Mai-Demonstration 1977 (Aksoy und auch Yeters *Der Tote vom Beyazitplatz*), die Massaker von Kahramanmaraş von 1978 und Çorum 1980 — also einzelne exzessive Etappen einer sich bürgerkriegsähnlich zuspitzenden Lage, die schließlich im September 1980 neuerlich zu einem Militärputsch führte. Alle drei Künstler können heute aus politischen Gründen nicht in die Türkei zurückkehren.

Folter und Verhöre gehören zum Alltag von Militärdiktaturen — in der Türkei, in Griechenland, in Chile. So taucht dieses Thema bei den unterschiedlichsten Künstlern verschiedenster Nationalitäten immer wieder auf.

Beispiel Griechenland

Psychopedis' *Der blaue Stuhl* entstand 1978 und stellt einen Reflex auf die griechische Militärdiktatur dar, die bis 1974 dauerte (Abb. 4). Die Faszination dieses Werkes liegt im Weglassen, im Aussparen: an den Stuhl gebunden ist nur die Jacke des Verhörten. Er selbst und eine grell leuchtende Glühbirne existieren einzig in der Imagination des Betrachters. Umso greifbarer dagegen ist die verbliebene Szenerie. Der Glanz des blaulackierten Stuhles reflektiert noch einmal die knittrige, an- und eingeschnürte Jacke. Vor kahler Wand hängt die Fassung der Glühbirne, rundgewölbt durch Lichtreflexe, aus der Mitte geschoben, um dem Kopf des Verhörten Raum zu schaffen, gleichzeitig dicht vor ihm, um seine Reaktionen bloßzulegen. Die Bildwirkung beruht auf Spannungen: zwischen Aussparung, Andeutung und akribischem Detailrealismus, zwischen der Assoziation von gewaltsamer körperlicher und physischer Beschädi-

4 Jannis Psychopedis, *Das Verhör*
(Der blaue Stuhl), 1978, Farbstift, (100x70cm)

gung und stillebenhafter Ruhe, ja sogar Schönheit des Ambientes.
Psychopedis mußte während der Zeit der Junta (1967–74) seinen Militärdienst ableisten. Da er in eine Spezialtruppe für Oppositionelle in den Norden des Landes gesteckt wurde, ergriff er dankbar eine Gelegenheit, sein Land zu verlassen, und kam 1971 in die BRD.

Beispiel Iran

Akbar Behkalam ist Azerbeidschaner, Angehöriger einer ethnischen Minderheit im Iran, deren türkische Sprache unter dem Schah-Regime verboten war. Er beschreibt die Situation im Iran der 70er Jahre: » . . . Viele Intellektuelle waren im Gefängnis, meine Freunde konnten nur im Keller arbeiten und nicht ausstellen, den Dichtern war der Gebrauch von 300 Worten verboten ... Um als Maler zu arbeiten, mußte ich mein Land verlassen . . . «[7]
1977 entstand im Berliner Exil die Bildreihe *Persepolis* (Taf. V; Abb. 5). Persepolis war die antike Hauptstadt der Perserkönige. Die erhaltenen Ruinen des Palastes dienten 1971 dem Schah als Kulisse für ein prunkvolles Thronjubiläum seiner Dynastie (bei gleichzeitigem heftigen Terror gegen alle oppositionellen Gruppen). Behkalam gibt die Reliefs bewaffneter Thronwächter wieder in archaisch-gleichmäßiger Reihung, in strengem Profil, mit stilisierten Falten und Locken. Die Realitätsebene der antiken Reliefs wird unterbrochen: an einem Pfahl sinkt ein Exekutierter in sich zusammen — ohnmächtig, blind, gebunden, schon zum namenlosen Verschollenen verwischt. Die verblichenen Farben der Reliefs verdichten und verdunkeln sich in der Exekutionsszene bis hin zur realen Körperlichkeit der Soldaten, die vor der Mauer zu stehen scheinen. Darüber setzt Behkalam einen Stein wie auf ein Grab, mit Reliefs von Flüchtenden, die die Erinnerung an verwitterte antike Sarkophage hervorrufen. *Persepolis I* ist ein Bild, das die jahrtausendealte Tradition bewaffneter Herrschaftssiche-

5 Persepolis. Palast Dareios des Großen
5. Jahrhundert vor Christus

rung thematisiert und zugleich ein Beispiel hochästhetischer Grisaillenmalerei.

Behkalam erlebte 1979 im Iran die Revolution mit, die zum Sturz des Schahs führte. Er erzählt heute noch begeistert von der Aufbruchstimmung der ersten Wochen. Später sah er — nun als Beobachter aus der Ferne, aber durch das Schicksal von Verwandten und Freunden betroffen —, wie sich eine Freiheitsbewegung in eine Diktatur verwandelte, die von menschenverachtendem Fanatismus bestimmt war, in der die Perversionen einer Religion triumphierten, die die elementarsten Gebote der Menschlichkeit rüde und rücksichtslos verletzte. Die Ausübung von Künsten wurde verboten, sofern sie nicht einen religiösen oder Khomeini verherrlichenden Charakter hatten.[8]

Behkalams Zyklus *Gerechtigkeit in Allahs Namen* entstand 1984 — ausgelöst durch die Nachricht vom Tode seines Neffen im Gefängnis. Der 24jährige war festgenommen worden, weil er Flugblätter verteilt hatte. *Zum Gedenken an Amir — Allahs Diener sahen zu* zeigt, wie der junge Mann im Gefängnis zu Tode gequält wird. Andere Titel sind: *Keine Jungfrau darf gerichtet werden — Vergewaltigung nach islamischem Gesetz.* Gemeint ist die bestialische Praxis, junge Frauen vor ihrer Hinrichtung zu vergewaltigen, um dem Wortlaut des islamischen Gesetzes gerecht zu werden, das zum Schutz junger Frauen vor Verurteilung gedacht war. *Bevor sie ihn richten, nehmen sie sein Blut* (Taf. VII) beschreibt eine weitere praktizierte Ungeheuerlichkeit: die makabre Verwertung des zum Tode verurteilten Körpers. Dem Gefangenen wird vor der Hinrichtung noch das Blut abgezapft. Das schneeweiße, in sich zusammensinkende Opfer wird von Mullahs zur Exekution geschleift. Hell und Dunkel, Schwarz und Weiß stehen hier für religiösen Fanatismus, der Leben erstickt, der »Blut entweichen läßt«. Die Formen sind expressiv aufgelöst, Detailreichtum und Statik früherer Werke sind verschwunden.

Beispiel Chile

Die Beschreibung des Horrorkabinetts weltweiter politischer Unterdrückung ließe sich noch lange fortsetzen. Hier möge noch eine chilenische Variante aufgeführt werden. Christian Olivares' Bild *Das Stadion* (Taf. XV) entstand 1974 in Italien. Er malte es also ein Jahr nach dem chilenischen Militärputsch: Die demokratisch gewählte Volksfrontregierung unter dem Präsidenten Allende wurde im September 1973 gestürzt, der Monedapalast bombardiert, Allende ermordet; Industrieanlagen wurden zerstört, Tausende von Arbeitern erschossen. Tausende wurden verhaftet und in das Nationalstadion von Santiago gesperrt, gefoltert und exekutiert. Das Parlament wurde geschlossen, politische Parteien verboten, der Ausnahmezustand im ganzen Lande verhängt.

Das Bild von Olivares ist ein »Schlachtbild« — ein totes Schwein ist an den Hinterbeinen aufgehängt, in zwei Hälften gehackt, durch einen Sonnenschirm vor Verwesung geschützt. Eine rote Blutlache rinnt über den grünen Rasen des Stadions ins Fußballtor. Das Stadion, ein Ort massenhafter Öffentlichkeit, wird hier zum Schauplatz bestialischer Zerstörung, die sonst unter Ausschluß der Öffentlichkeit, in isolierten Kerkerzellen oder unterirdischen Schächten vorgenommen wird. Grelle Mittagssonne fällt durch die Tür in der Mitte ein. Die geraden Linien der Aschenbahn und des Fußballfeldes teilen symmetrische, regelmäßige Raumabschnitte ab. Der Charakter der großen systematischen Vernichtungskampagne Pinochets findet ein formalästhetisches Äquivalent in strenger, fast gewaltsamer Geometrie des Bildes: Horizontale, Vertikale und Fluchtlinien bilden ein starres Gerüst für die zugerichteten Leiber. Diese hängen senkrecht an Schnüren oder Fleischerhaken, an den Händen gefesselt, enthauptet; oder sie sind in waagerechte Gestelle gepfercht — namenlose verstümmelte Körper in vielen Etagen. Abrupte perspektivische Verkürzungen lassen Einblicke in ausgeweidete Leiber zu.

Olivares arbeitet mit surrealen Mitteln im Wechsel des Größenmaßstabes: eine winzige mumifizierte Gestalt rechts scheint auf das Geschehen zu deuten, ein riesiges Zündholz droht das Ganze in Brand zu stecken, eine bandagierte Figur ganz links tanzt auf der Spitze der chilenischen Fahnenstange (oder zuckt unter Elektroschocks?). Das geschlachtete Schwein wird von zwei schwerbewaffneten Wächtern flankiert, die halb Mensch, halb Tier sind. Sie haben Atemmasken auf, die wie Schlangen aus ihren Leibern aufsteigen. Sie tragen deutsche Pickelhauben in Erinnerung an die Rolle, die deutsche Militärs traditionellerweise bei der Ausbildung der chilenischen Armee gespielt haben. Stilistisch finden sich Anklänge an das Formenvokabular deutscher Expressionisten wie Grosz oder Dix, die die verstümmelten Opfer des ersten Weltkrieges dargestellt haben, oder an Picassos *Guernica*, das an die Greuel des spanischen Bürgerkrieges erinnert und im gesamten lateinamerikanischen Raum bis heute zu intensiver künstlerischer Auseinandersetzung und Nachahmung angeregt hat.

Bilder der Wanderung

Die zentrale Erfahrung von Auswanderung, Ortswechsel, Verlust von Heimat findet vielfältigen Niederschlag. Es gibt Bilder von endlosen Zügen von Menschen, vom einsamen Wanderer mit Koffer oder Bündel, und Bilder, die die Emigration als Fortsetzung der Wanderung innerhalb des Heimatlandes zeigen, als die ewig gleiche Suche nach besseren Existenzbedingungen.

Als Kristallisationspunkte von Emigrationserfahrung, als assoziationsreiche Verdichtungen von Alltäglichkeit werden immer wieder Bilder von Koffern, Briefen und Bahnhöfen gemalt.

Sie sammeln sich
in Wartesälen und auf Bahnsteigen
wie Zugvögel im Herbst
laut gestikulierend
so
als stünde die große Reise
kurz bevor
sie umarmen sich
wenn der Fernschnellzug
ohne sie
den Bahnhof verläßt
und weinen sich
in die kalte Wirklichkeit
zurück.

(Ingo Cesaro)[9]

Bahnhöfe spielen im Leben und auch in der Kunst vom Emigranten eine wichtige Rolle. Sie sind der Ort von Ankunft, Abschied, Wiederfinden, Sehnsucht, Trauer und Überraschung. Die an- und abfahrenden Züge gestatten gleichsam einen Blick in die ferne Heimat. Als einer der wenigen verbliebenen öffentlichen Orte wird der Bahnhof auch Freizeittreffpunkt in der Großstadt, er ist jämmerlicher Ersatz für das gewohnte Café oder Teehaus daheim.

Bahnhof — ein Bild der chilenischen Künstlerin Cecilia Boisier (Taf. XVII) — entstand 1982. »Ich habe in der Darstellung von Menschen immer nach Momenten gesucht, die auf einen bestimmten, prägnanten Punkt zu bringen sind, um eine Wahrnehmung oder ein Gefühl kurz und deutlich darzustellen.«[10] Es ist kein Zufall, daß Cecilia Boisier in Santiago auch Bühnendekorationen entwarf. Wie auf einer Bildbühne kreuzen sich auf dem Gemälde zwei diagonale Bewegungslinien: die der aufeinander zustrebenden Figuren und die Achse des Zuges. Starke perspektivische Verkürzungen und Hell-Dunkel-Kontraste dynamisieren das Geschehen. Die dunkle Silhouette der Frau steht vor hellblauer Ferne, die Linie ihres Armes kanalisiert gleichsam ihre Sehnsucht. Die Gesichter sind von jenem dunkelhäutigen Typus, der in der breiten Bevölkerung Chiles häufig ist. Die Malerin tradiert die Impulse der Kulturpolitik der Unidad Popular, die eine Abkehr der Kunst von den Interessen der elitären, eher weißhäutigen Oberschicht und der Kunstavantgarde gefordert hat.[11] Der Reiz des Bildes liegt in der Spannung zwischen dem Transitorischen der Begegnung und der Starre der Figuren selbst. Die Sekunde des Wiedersehens, im Geist schon immer und immer wieder als Bild vorweggenommen, wirkt seltsam versteinert.

Koffer sind das Symbol des Provisoriums der Emigration.

Auf dem Schrank mit dem halbblinden Spiegel
liegen die Koffer griffbereit.
Die ständige Aufbruchstimmung
fahrender Leute.

(Aras Ören)[12]

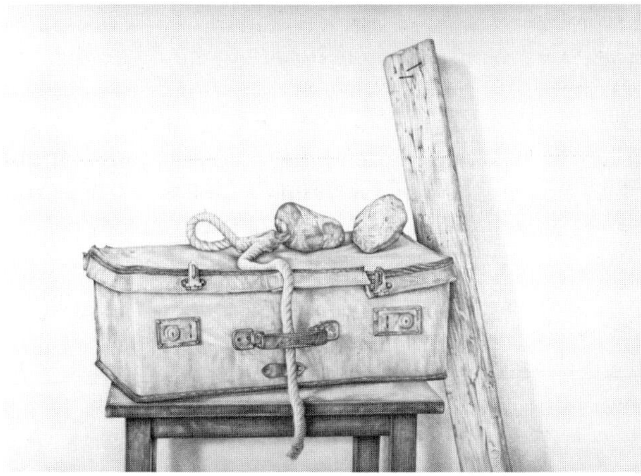

6 Jannis Psychopedis, *Die Reise*, 1979, Farbstift

Ohannes Tapyuli, ein armenischer Künstler aus der Türkei, schuf eine Reihe von »Kofferbildern« in virtuoser Licht-Schattentechnik.[13] Das gleiche Thema greift *Die Reise* des Griechen Jannis Psychopedis von 1979 (Abb. 6) auf. Typisch für viele seiner Werke aus dieser Zeit ist eine Mischung aus eindeutigen suggestiven Assoziationsträgern und befremdlich Irritierendem, das allerlei Mutmaßungen ermöglicht: Kargheit und Bedrohlichkeit der Steine, Gewalttätigkeit in der Herausgerissenheit der Nägel des Brettes, im Zerrissensein des Strickes, die Heruntergekommenheit des alten Koffers setzen die Phantasie des Betrachters in Bewegung. Möglicherweise Zufälliges im Arrangement des Bildes regt den Betrachter an, sich eine Geschichte dazu auszudenken, das Stilleben zu einer lebendigen Szene auszubauen.

Ähnlich wie Koffer ragen auch Briefe in beide Welten der Emigranten; auch sie sind materialisierte Zeugen einer emotional hochbesetzten Verbindung zur Heimat. Briefe werden in erzählerischen Zusammenhang gestellt (bei Cecilia Boisier und anderen) oder als Zeugen dahinschwindender Kommunikation gesehen, wie in Psychopedis' Serie *Der Brief, der nie ankam* (Abb. 7). Der Grieche findet für die Fetzen der Erinnerung ein ästhetisches Äquivalent in der Montage von Fragmenten.

»Anlaß dafür war ein Päckchen aus Griechenland, auf dem die mit Filzstift geschriebene Anschrift halb zu lesen war — ganz bunt und verschwommen durch einen plötzlichen Regen, irgendwo im Grenzgebiet zwischen Phantasie und Alpen. Trotzdem traf es bei mir ein. Dies Ereignis rief eine jahrelang tief in mir verborgene Erinnerung wach: die Idee von Relikten menschlicher Kommunikation.«[14]

Zwischen 1978 und 1983 entstanden etwa 160 Collagen der Serie *Der Brief, der nie ankam*, und zwar sowohl in Berlin als auch in Athen. Psychopedis klebte allerlei Objekte mit Leim auf Wellpappe: Briefe, Postkarten von griechischen Touristenattraktionen, Stadtpläne, Behördenpapiere, Zigarettenstummel, Tabletten, Haare ... Die Versehrtheit vieler Objekte ist bewußt ästhetisch eingesetzt: Zerknittertes, Gerissenes, Abgegriffenes und Verwischtes deutet auf erlebte Geschichte hin. Zudem geht es um den Gegensatz zwischen »ewiger«, klassischer Kunst und der Vergänglichkeit einer Wegwerfkultur, und auch um das Hin- und Herpendeln zwischen Griechenland und Deutschland.

Ergin Inan aus der Türkei hat eine Reihe von sogenannten *Briefbildern* geschaffen (Taf. XI). Ihren Ausgang nahmen diese Werke von einem Briefwechsel Inans mit dem Maler Emilio Vedova. Da er mit dem Deutschen gewisse Schwierigkeiten hatte, zeichnete er — aus Verlegenheit und aus Zufall — ein paar Insekten, die er

7 Jannis Psychopedis, aus der Serie: *Der Brief, der nie ankam*
Collage, (o.A.)

gerade am Boden laufen sah, zur Schrift dazu. In der Folge entwickelte Inan seine ganze Reihe solcher *Briefbilder:* Es sind Collagen aus abgewetzten und vergilbten Koranblättern in arabischer Schrift, aus Zeichnungen von feingliedrigen Insekten, aus Texten in lateinischer Schrift mit oft tiefsinnigen, philosophischen Sprüchen. Bisweilen verwendet Inan selbstgeschöpftes, dickes Papier, dessen Struktur und Randformationen ästhetischen Eigenwert haben. Ähnlich wie bei Psychopedis war der Brief ursprünglich ein funktionaler Bestandteil eines Emigrantenlebens, später verselbständigte er sich und wurde zum Auslöser phantasievoller Kreationen im Sinne freier Variationen zu einem Thema.
Auch Inan arbeitet mit »Kulturzitaten«: Er stellt sich in die Tradition eines durch Kalligraphie geprägten Kulturkreises. Die arabische Schrift der Koranseiten kann Inan wie die meisten Türken heute nicht mehr lesen, da Atatürk in den zwanziger Jahren die lateinische Schrift eingeführt hatte. Die arabischen Buchstaben werden zum historischen Zitat, der Reiz des Alters, der »Abgegriffenheit«, wird von Inan noch künstlich gesteigert. Die Insekten sind rasterartig angeordnet, bilden quasi eine eigene Zeichenschrift, die sich mit der Ebene der Buchstaben verschränkt. Typisch für die islamische Ästhetik ist zudem der horror vacui, also die Angst vor der Leere, daher die gleichmäßige Füllung der Bildfläche und ein ornamental-dekorativer Grundzug.

Selten sind Darstellungen, die sich mit der Situation der Zurückgebliebenen befassen, mit den Müttern oder Ehefrauen, die um die Männer trauern, die in die Ferne gezogen sind, um zu arbeiten. Medagli, der aus Neapel stammt und seit 1981 in Wuppertal lebt, nimmt sich zu Beginn seines Schaffens mehrfach dieses Themas an, so auch in einer Illustration für Giambussos Gedichtband *Jenseits des Horizontes* (Abb. 8). Vom sehnsüchtig Vermißten bleiben Hüllen zurück, die zum Fetisch werden, die Träume stimulieren. Der Blick ist verdeckt durch die Andeutung eines Alpenpanoramas, über das Vögel ziehen. »Jenseits des Horizontes« bedeutet für den Italiener in Deutschland »jenseits der Alpen«.
Eine ähnliche Verarbeitung des Themas gibt Medaglis *Pieta* — eine gefühlvolle Anspielung auf die ikonographische Tradition der klagenden Mutter mit Christus auf dem Schoß: Trauergestus des geneigten Kopfes, ausgebreitete Arme, die nichts als ein knittriges Hemd zurückbehalten haben. Das alles wird in eine italienisierte Architektur gestellt. Typisch für Medagli ist eine harte klassizistische Malweise mit einzelnen surrealistischen Verfremdungen.

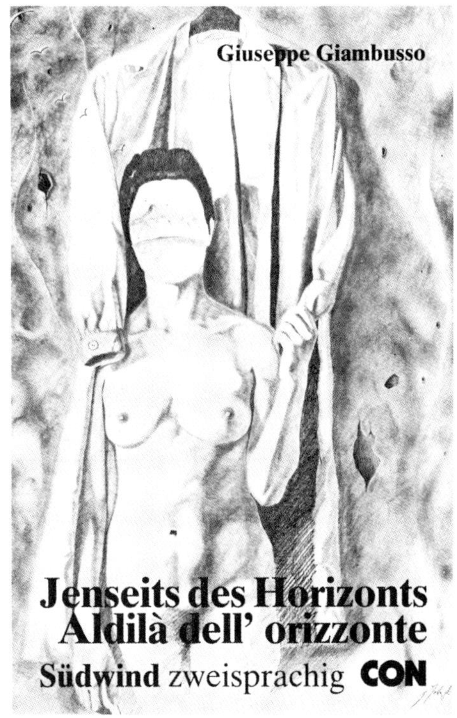

8 Giuseppe Medagli, *Jenseits des Horizonts*
1983, Bleistift und Pastell auf Papier, (65x50cm)

Blick aufs neue Land

Die großen Gruppen der Ausländer kamen in den letzten Jahrzehnten aus den Mittelmeerländern, zuerst aus Italien, Spanien, Griechenland, dann aus Jugoslawien und der Türkei. Ihre Situation in Deutschland wird auch zum

Thema künstlerischer Auseinandersetzung. So entsteht eine spezifische »Gastarbeiterliteratur« mit eigenen Verlagen, es entstehen Theatergruppen (z.B. das Teatro Siciliano), es kommt zu Zusammenschlüssen von verschiedensten Künstlern auf nationaler oder auch internationaler Ebene (PoLiKunst). Auch bildende Künstler machen sich daran, die Lage ihrer Landsleute zu beschreiben, häufig realistisch und direkt — in der Absicht, die Arbeitsemigranten und die deutsche liberale Öffentlichkeit unmißverständlich anzusprechen.

»Wir haben Arbeitskräfte geholt . . .«

»In diesem deutschen Wunderland, dessen Lebensstandard höher ist als in allen anderen europäischen Ländern, gibt es Menschen, die so ärmlich leben, wie Arbeiter vor 100 Jahren. Das Wirtschaftswunderland nimmt das gelassen hin.« (Burhan Karkutli)[15]

Die erste Phase massenhafter Migration in den sechziger Jahren wird am treffendsten als »Arbeitskräftewanderung« bezeichnet. Alleinstehende Männer wurden mit Zeitverträgen angeworben und meist in Werksbaracken untergebracht. Ihren Alltag schildert der jugoslawische Zeichner Dragutin Trumbetaš seit den späten sechziger Jahren (Abb. 9). Er zeigt die Armseligkeit ihres Lebens, das mit dem unserer Arbeiter vor hundert Jahren vergleichbar ist: die drangvolle Enge der Baracken, die zu einem unwürdigen Verlust von Intimität führt, den ersten Schock beim Ankommen in einer Welt, in der menschliche Beziehungen durch Reklamesprüche ersetzt scheinen, hilflose Kämpfe auf deutschen Ämtern, sexuelle Nöte, den Freizeittreffpunkt Bahnhof, Desillusionierung und die erste erzwungene Korrektur des Deutschlandbildes.

Trumbetaš' *Gastarbeiterzyklus* ist eine Sozialreportage — voller Insider-Wissen, detailreich, drastisch und sarkastisch. Seine Zeichnungen dokumentieren die Anfangsetappe der Migration. Er schildert den erbärmlichen Alltag der Wanderarbeiter, findet aber auch symbolische Bilder für eine sich neu konstituierende gesellschaftliche Randgruppe: sein *Gastarbeiter in Europa* (Abb. 10) signalisiert Angst, Anstrengung, Demütigung.

10 Dragutin Trumbetaš, *Gastarbeiter in Europa*
Anfang der 70er Jahre, Federzeichnung, (60x44cm)

9 Dragutin Trumbetaš, *Tontschek schreibt Brief an Frau*
Anfang der 70er Jahre, Federzeichnung, (60x44cm)

Der Gastarbeiter ist hingeworfen in den Dreck, geholt worden zum Wegschaffen von Dreck, fühlt sich selbst wie Dreck. Der Schriftsteller Dursun Akçam bringt für das Verhältnis der Deutschen zu den Ausländern ein ähnliches Bild: »Sie sind die Fettaugen und wir sind die Suppe; sie sind oben und wir unten«.[16]
Auch der Grieche Vlassis Caniaris (Abb. 11) befaßt sich mit dieser frühen Zeit der Einwanderung in Deutschland, wenn auch mit ganz anderen stilistischen Mitteln als Trumbetaš. An seinem Zyklus *Gastarbeiter - Fremdarbeiter* arbeitet er seit 1970/71. Es handelt sich um Environments, die die spezifische Lebensrealität der neu Eingewanderten suggestiv festhalten. Diese ist gekennzeichnet durch Gedrängtheit, Ärmlichkeit, Improvisation. Man sieht Mobiliar aus dem Sperrmüll, auch einige Objekte, an denen Träume von einer besseren Welt hängen: Rote Rosen liegen auf einem Vogelbauer. Ein

12 Bartholomäus Spranger, *Hermes und Athene*
Prag 1585, Fresko

11 Vlassis Caniaris, *Hermes*
1975, verschiedene Materialien, (180x200x160cm)

Stück gemalter blauer Himmel läßt Sehnsucht nach mediterranem Leben aufkommen. Die Dinge bei Caniaris sind von konkreter Präsenz und Suggestivkraft, die menschlichen Gesichter aber sind entindividualisiert, nur in der Rohform aus Draht und Gips geformt.
Hermes (Abb. 12) ist der griechische Gott der Wanderer; der geflügelte Götterbote wird meist mit Reisehut, Flügelschuhen und Heroldstab dargestellt. Caniaris läßt seinen *Hermes* Rollschuhe fahren — so wird das Heranschweben zum Balancieren. Die geflügelte Reisekappe wird zum verschlungenen Knäuel von Tüchern, das sich erst im Schatten zum Bild eines verbeulten Hutes schließt. Holzgerüst und Lumpen lassen auch an eine Vogelscheuche denken. Die Figur wird über ein Schachbrett gerollt. Eine symbolische Deutung drängt sich dem Betrachter auf: der Wanderarbeiter muß »verschiebbar«, »verfügbar«, »mobil« sein, je nach wirtschaftlicher Interessenlage. Im *Hermes* von Caniaris wird die Armseligkeit, die Objekthaftigkeit der Emigrantensituation konfrontiert mit der Erinnerung an den großen kulturellen Reichtum der antiken griechischen Geschichte. An anderer Stelle wurde diese Situation humoristisch auf den Punkt gebracht:

Einst lehrten
sie uns die Philosophie
die Griechen
Heute leeren
sie uns den Mülleimer

(Manfred Sandhegel)

Ihsan Ece *Orientalischer Teppich* (Abb. 13): Im Laufe der Zeit bildet sich der Prototyp des »Gastarbeiters« heraus. Es ist der Müllmann mit Besen, flacher Kappe, Schnauzbart, der türkische Arbeiter — er wird zum Inbegriff des Ausländers schlechthin, bilden doch Türken die weitaus größte Ausländergruppe in der BRD (etwa 1,5 Millionen von 4,5 insgesamt), sind sie doch gezwungen, in der Arbeitshierarchie die letzten Plätze einzunehmen; zudem sind sie kulturell auffallender als die anderen Ausländergruppen, die schon früher eingewandert waren, zu Feindbildern herangezogen und schließlich einigermaßen »integriert« worden sind.

13 Ihsan Ece, *Orientalischer Teppich*
1983, Öl/Teppich, (150x125cm)

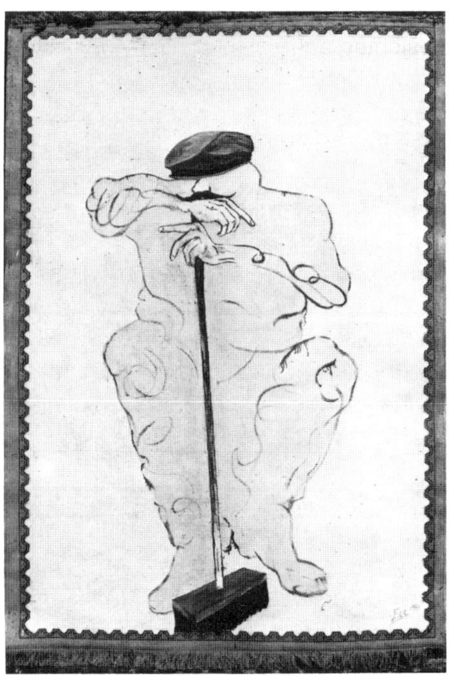

Der Teppich ist Inbegriff etablierter türkischer Kultur. Ece hat einen Müllmann auf einen orientalischen Teppich gemalt oder eher mit flüssigem Pinselstrich gezeichnet. Zeichnerische, karikierende Flüchtigkeit kontrastiert mit handwerklicher Solidität des Teppichhintergrundes. Mit ironischer Distanz präsentiert Ece Phänomene von Kulturbrüchen und mangelhafter gesellschaftlicher Akzeptiertheit seiner Landsleute in der Fremde.

Die Arbeitswelt der Emigranten selbst wird in unterschiedlicher Weise dargestellt: direkt erzählerisch in Bildern von Müllmännern, Bauarbeitern und Szenen aus Fischfabriken (Trumbetaš, Ece), als surreal-expressive Bedrohungsvision bei Metin Talayman (Taf. IX). Er malt Bilder des Schocks, den Menschen erleiden, die aus vorwiegend agrarischen Ländern stammen:

In der Fabrik zeigt eine bedrohliche Szenerie; glühende Geschosse oder elektrische Feuerbälle scheinen von allen Seiten auf die Hauptfigur einzuschlagen. Aggressive Kräfte scheinen Linienspuren zu hinterlassen. Die zentrale Gestalt steht dunkel vor grell erleuchtetem Hintergrund, isoliert und dadurch gefährdet, versteckt hinter dem Arbeitsplatz wie hinter einem Schild mit blutendem Antlitz, das entfernt an ein Medusenhaupt erinnert. Aus dem schwarzen Hintergrund lösen sich weitere Köpfe, grau, entindividualisiert, auch dem dichten Geflecht gefährlicher Gewalten ausgeliefert. In Talaymans Bildern materialisieren sich Bedrohungsvisionen.

Mit stilistisch wieder anderen Mitteln arbeitet der Italiener Fruttuoso Piccolo. Sein *Tempo Gastarbeiter* (Taf. XXV) ist eine seiner schnellen Montagen, die sich aus Schrift und wenigen einfachen Objekten, wie Computerbögen, Papierschnitzeln, Lochkarten, Federn und anderem zusammensetzen. Thematisiert wird der totale Zugriff der technisierten Welt, der alle »menschlichen« Abweichungen vom genormten Soll, etwa durch Müdigkeit oder Krankheit, verbietet.

Andere Künstler gehen mit der Erfahrung hochtechnisierter Welt allgemeiner und kulturphilosophisch um. So der griechische Bildhauer Chatziioannidis Fotis, der dieses Thema vielfältig verarbeitet. *Prometheus* (Abb. 14) geht von einer Transponierung der altgriechischen Heldensage in die Moderne aus.[17] Prometheus ist für Fotis ein Symbol desjenigen, der für die Menschheit die Maschine entdeckt hat, der er aber selbst zugleich zum Opfer gefallen ist. Er wurde bestraft für sein Unwissen, seine Unfähigkeit vorauszusehen, wohin das von ihm Begonnene führen würde.[18]

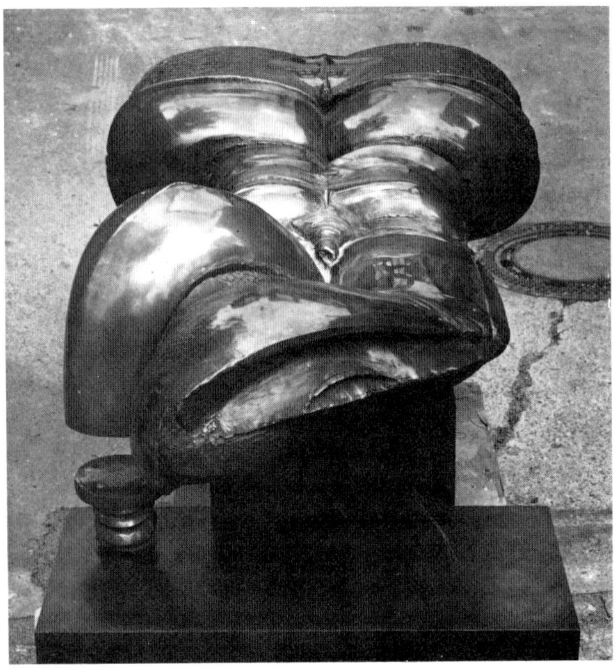

14 Ch. Fotis, *Prometheus*, 1978, Bronze, (90x200x112cm)

Fotis zeigt in seiner Plastik geballte körperliche Kraft, die an Fesseln liegt. Im Torso — dem Hauptthema seiner Kunst — sieht er die Möglichkeit, allgemeingültige Prinzipien darzustellen, anders als im stärker individualisierten Kopf. Der kompakte Körperausschnitt des gefesselten Prometheus, die präzise modellierten Muskelpartien suggerieren Kraft, zugleich liegt in der stilisierten Formwiederholung, in scharfen Schnitten und Schweißstellen etwas gewaltsam, mechanisch Zugerichtetes. Anders ist der Charakter der »Bruchstelle« am vorderen Rand — sie läßt eher die Erinnerung an antike Statuenfragmente aufkommen.[19]

Ähnlich wie Fotis verarbeitet auch der Iraner Ehrari in seinen Werken einen Grundkonflikt. Während Fotis auf die griechische Mythologie zurückgreift, benützt Ehrari eine für seinen Kulturkreis typische Symbolsprache, die er einem europäischen Publikum auch ausdrücklich zu erklären versucht. In *Eingedrungen* (Taf. XIII) geht es um den Gegensatz Natur — regulierte Zivilisation. Das Pferd ist hier ein Symbol für Kraft, Natur, der abgegrenzte Raum ist Zeichen für eingegrenzten Lebensraum, rationale Verfügbarkeit. Pferde, die in abgegrenzte Räume sprengen, sind ein Lieblingsmotiv Ehraris. *Eingedrungen* stellt eine vergleichsweise stilisierte Variante dar. Der Einbruch erfolgt von links oben, verschwommen, in rasendem Tempo verwischt, schäumend, von grellem Lichtstrahl hereingetrieben; gezeigt wird Eindringen in einen geschlossenen Raum von geometrisch harter, kahler Gestalt: Dieser bildet einen Kontrast zur hereinquellenden organischen Form. Die Farben beschränken sich auf ein blau-grünes Spektrum, erinnern an Unterwasserbilder. Tatsächlich arbeitete Ehrari im Iran als Unterwasserschweißer an einer Pipeline. Hier erlebte er zum ersten Mal das gewaltsame Eindringen in ein intaktes natürliches System, hierher rührt auch die Faszination, die die besondere Ästhetik dieser Wasserwelt auf ihn ausübt.
Ehrari sieht Parallelen zwischen den Konflikten Natur — Zivilisation, Gefühl — Ratio, Dritte Welt — Erste Welt.

Im Zuge der Wanderungsbewegungen der letzten Jahrzehnte kam es zum Zusammentreffen von Kulturen aus verschieden weit industrialisierten Gesellschaften. Diese Ungleichzeitigkeiten werden vom Individuum wie im Brennspiegel verschärft, meist konflikthaft erfahren, werden dem Einzelnen doch in kürzester Zeit Anpassungsleistungen abverlangt, zu denen eine Gesellschaft sonst viele Generationen, ja Jahrhunderte brauchte. Erlebt werden die Kontraste sowohl in der Arbeitswelt als auch im Normen- und Wertesystem. Wenn Ehrari zu seinen Bildern sagt »das bin ich«, meint er, daß er diesen Konflikt in seiner eigenen Person spürt. »Ist es denn menschlich, immer die Gefühle klein halten, immer ducken, immer buckeln, immer das Maul halten, dreißig Jahre und mehr mit Menschen zusammen in einem

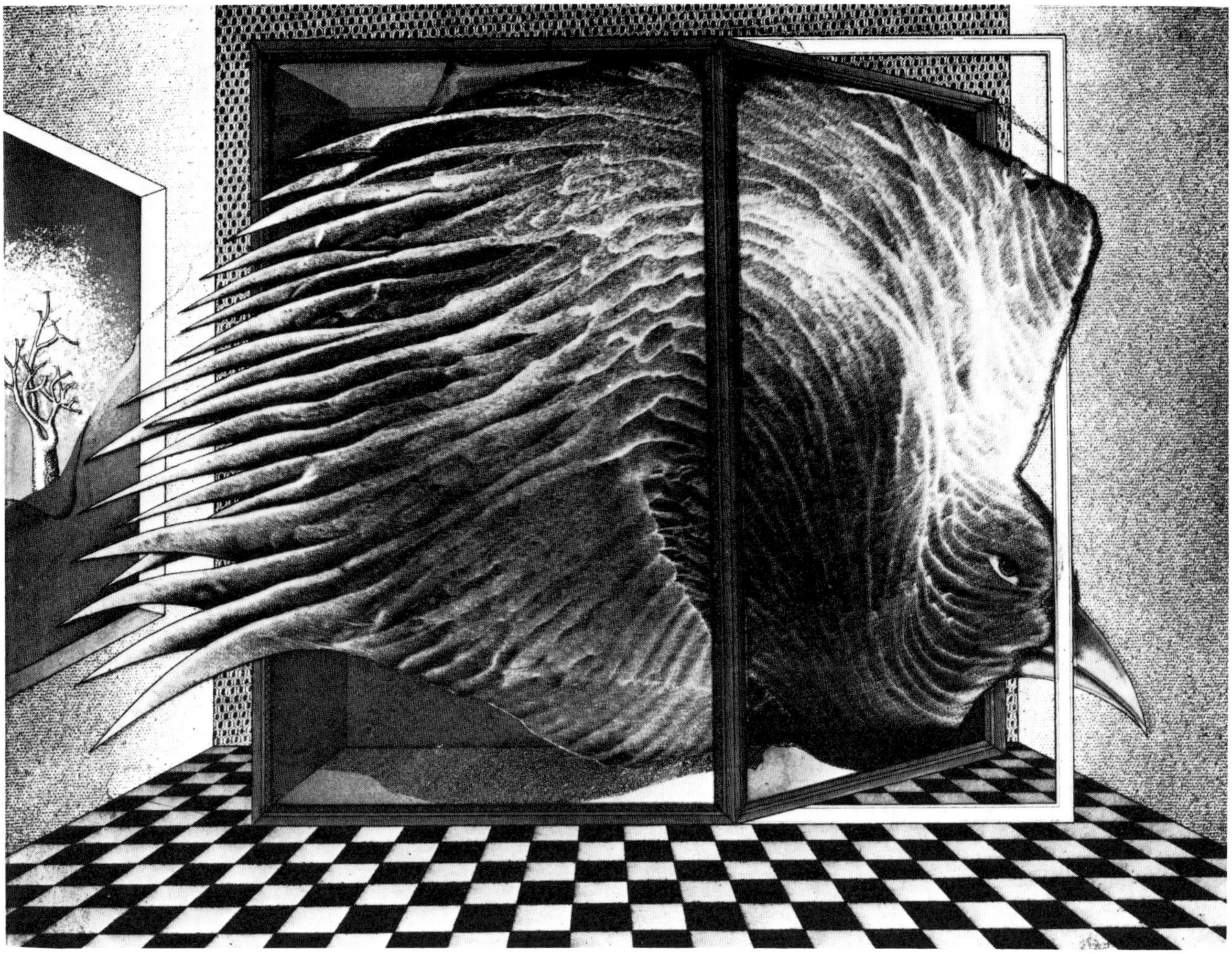

15 Ebrahim Ehrari, *Feuervogel*, o.J., Farbradierung, (30x39,6cm)

Raum arbeiten, höflich sein, Distanz halten, ›Sie‹ sagen? Oder 50 Jahre am Band arbeiten in einem Tempo, das Maschinen vorgeben? Für mich ist das kein menschliches Leben. Jeder macht zwar mit, nur relativ wenige steigen aus, innerlich wollen aber fast alle, die mitmachen, raus. Jeder auf seine Art. Die Pferde, die Fische, die Vögel auf meinen Bildern zeigen, wie das Rauswollen aussieht.«[20]

Die türkische Bildhauerin Azade Köker spricht denselben Problemzusammenhang an, wenn sie sagt: »Hier in diesem Land aber will man alles verstehen, kategorisieren, bevor man es fühlt. Man kann hier von Gefühl und von Wärme nicht sprechen, ohne sie vorher zu definieren.«[21]

». . . und Menschen sind gekommen«

Waren zu Beginn der Einwanderungswelle vor allem alleinstehende Männer in die Bundesrepublik gekommen, so sieht Ende der sechziger Jahre die Situation anders aus: Ausländer bringen jetzt ihre Familien mit und beziehen billige Wohnungen in meist sanierungsbedürftigen Altstadtquartieren. Fremdländische, insbesondere türkische Familien prägen bisweilen ganze Stadtteile in ihrem Charakter. Aus den »Gastarbeitern« sind Einwanderer geworden.[22]

Hanefi Yeter schildert ausführlich das Leben seiner Landsleute in Berlin-Kreuzberg. Seine *Picknick-Bilder* (Taf. II) zeigen türkische Familien, die auf Rasenflächen lagern. Die traumhaft schönen Farben der Tücher und Gewänder, der blühenden Bäume, die vertrauliche Nähe ausruhender Menschen weisen auf die unverwüstliche Fähigkeit hin, Elemente der gewohnten Lebenskultur auch in die neue Großstadtwelt herüberzuretten. Das Bild besticht durch seine blumigen Farbflächen, die in großzügiger Gesamtstruktur verankert sind: Die goldgelbe Reihe der Bäume halbiert ein Oval, oben fällt viel Himmel ins Bild, unten faßt der Rahmen die ausgebreitete Idylle der Lagernden zusammen. Das Spiel mit dem Rahmen, der einerseits begrenzt, andererseits aber überspielt wird, der zudem Schrift- und Ornamentzwickel freihält, ist aus der Buchmalerei (vgl. Abb. 16) übernommen und wird hier ins monumentale Format eines Ölgemäldes übertragen. Diese Anklänge an die kostbare Ästhetik osmanischer Buchmalerei zeugen vom Stolz einer ethnischen Minderheit (siehe auch Kapitel 2).

16 Ali Sir Nevai, *Pick-Nick eines Prinzen*
1534-1540, Buchillustration

Yeter, aber auch andere ausländische Künstler malen häufig Bilder mit Liebespaaren (Taf. III). Es scheint, daß auch in der Emigration ein ungebrochenes Vertrauen in die Kraft menschlicher Beziehungen erhalten bleibt. Vielleicht müssen in der Fremde intensive Zweierbeziehungen auch als Ersatz für die Vielfalt der Beziehungen im heimischen Gemeinwesen dienen, die bei der Auswanderung abgebrochen werden mußten. Vielleicht ist es kein Zufall, daß Yeters Liebespaare auch an Marc Chagall erinnern, war dieser doch als russischer Emi-

17 Marc Chagall, *Die Liebenden*
1955-56, Öl/Leinwand, (150x120cm)

grant in Paris seinerzeit in einer ähnlichen Lage (Abb. 17). Die schwebende Labilität der Figuren, der pastose Auftrag leuchtender Farben, verschliffene Konturen und ein bisweilen träumerisch-naiver Grundton lassen sich durchaus vergleichen. Auffallend ist, daß Yeter und auch andere Emigranten Anschluß an ältere Stilepochen finden. Dies hängt wohl zum einen mit der künstlerischen Ausbildung in den Herkunftsländern zusammen, wo die dominierenden europäischen Kunstströmungen mit einer gewissen Verzögerung rezipiert worden sind, zum anderen mit der Ungleichzeitigkeit in der Entwicklung ganzer Gesellschaften, die auch zu einer ungleichzeitigen Ausbildung von Weltentwürfen, Menschenbildern, Wertesystemen führte. Anders ausgedrückt: ein gewisser Wertekonservatismus scheint sich bei Künstlern der ersten Emigrantengeneration, die sich oft unmodisch und autochthon geben, in einem gewissen Stilkonservativismus niederzuschlagen.

Häufiger als die Idylle werden allerdings die Schwierigkeiten der Emigrantensituation, insbesondere für die zweite Generation, dargestellt. Yeter malt *Analphabeten in zwei Sprachen* (Abb. 18). Zwei Schüler stehen an der Tafel wie am Pranger, eingeschüchtert, versagend gegenüber einem Schulsystem, das ihnen gegenüber versagt hat, da es viel zu spät und völlig unzulänglich auf Kultur- und Sprachwechsel der Emigrantenkinder reagierte. Angst vor Blamage, Angst aufzufallen, das Bedürfnis, sich möglichst in Luft aufzulösen, spricht aus den schmalen, aneinandergeschobenen Gestalten. Verwischtheit der Formen und Farben scheint ein Zeichen für die Schäbigkeit und Armseligkeit der Lebensperspektive dieser Kinder zu sein, aber auch für die lieblose Heruntergekommenheit derjenigen Bildungseinrichtungen, in denen sie sich ansammelten, als diese von den Deutschen längst gemieden wurden.[23]

18 Hanefi Yeter, *Analphabeten in zwei Sprachen*
1978, Öl/Leinwand, (130x100cm)

Die Lage stellt sich für türkische Kinder nicht grundsätzlich anders dar als z.B. für spanische:

Wo liegt unsere Sehnsucht

unsere Eltern haben ihre alte Heimat verlassen
und keine neue gefunden
ihre alte Heimat ist keine Heimat mehr
wo sollen wir unsere Heimat suchen
in der alten Heimat unserer Eltern
die wir nicht kennen
oder hier
wo wir als Fremde aufgewachsen sind
wir haben keine Heimat
nur unsere Gedanken
unseren Eltern bleibt die Sehnsucht uns nicht einmal das.

(Conchita Hernando)[24]

Ihsan Eces *Seid nett miteinander* (Abb. 19) ist eine Aufforderung an Deutsche und Ausländer, einander trotz Verschiedenheit zu akzeptieren. Typisch für Ece ist ein gewisser pädagogischer Impetus, ein Anspruch, als Vermittler zwischen den Kulturen zu fungieren. Verhaltensunterschiede werden pointiert dargestellt: auf der einen Seite sieht man konventionelle Verhüllung von Körper und Haar, freundlichen Annäherungsversuch durch vorsichtiges Antippen — auf der anderen Seite die deutsche Frau, frivol in ihrer Nacktheit, bizarr und abweisend. Die Flächenaufteilung und die Körperhaltungen suggerieren rechts Aufeinander-Zugehen, Sich-Öffnen, links abweisende Aufgestörtheit, Den-Rücken-Zuwenden, Über-die-Schulter-Schauen. Differenzen so kraß wahrzunehmen beruht wohl auch auf Erfahrungen gescheiterter Annäherungsversuche.[25]

19 Ihsan Ece, *Seid nett miteinander*
1983, Radierung, (50x60cm)

Azade Kökers *Frau mit Schleier* (Abb. 20) zählt zu den prägnantesten Darstellungen von Normenverunsicherung. Diese kann in einem fremden Land entstehen, aber auch schon im Herkunftsland in Zeiten rapider gesellschaftlicher Umbrüche. Die Bildhauerin spielte auf ihre eigene zwiespältige Situation als emanzipierte Frau in Istanbul an, als sie die Skulptur ursprünglich *Intellektuelle türkische Frau* nannte. »Ich suche nach den Wurzeln der Passivität und Eingeschlossenheit und damit der Warterei der Frauen. Es gibt immer noch eine (De)Formierung der Frauen in der Gesellschaft, egal ob es eine Arbeiterin oder Intellektuelle, eine Türkin oder eine Deutsche ist . . .«[26]
In der raffiniert reduzierten Tonskulptur liegen Verhüllung und Enthüllung in größter Polarität nebeneinander: der Schleier mit dem Augenschlitz ist Symbol für die Handlungsunfähigkeit der Frau — es fehlen die Arme, die Beine sind eng aneinandergedrückt. Im Kontrast dazu steht die freche Offenheit des nackten Vorderkörpers. Eine archaisch starre Mumie beginnt gleichsam zu leben, ein verpuppter Schmetterling sich frei zu machen. Die Unterdrückung der Frau wird von Azade Köker in Kenntnis sozialpsychologischer Zusammenhänge als Weiterleitung gesellschaftlicher Macht interpretiert. Im *Thron* (Abb. 21) ist die Frau doppeltes Opfer: von Männlichkeit und von militärischer Gewalt. Man fühlt sich an Theweleits »Männerphantasien« oder Vespignanis Detailstudien einer Ästhetik der Macht erinnert.[27] Für Gewalt stehen Versatzstücke: Uniform, Gurt, Orden, Herrschersitz. Azade Köker arbeitet mit Abbreviationen und Doppeldeutigkeiten. Die Rücklehne wird zur Uniform, die Armlehnen werden zu Knien, auf die

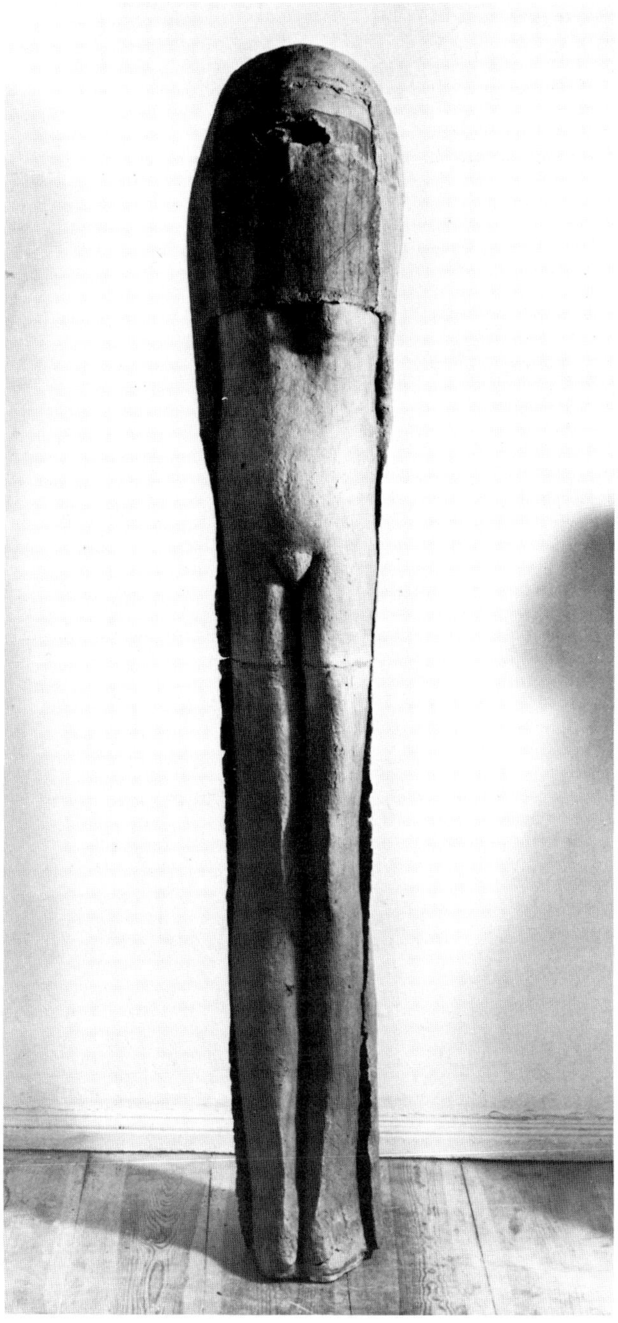

20 Azade Köker, *Frau mit Schleier I*, 1979, Ton, (Höhe 170cm)

21 Azade Köker, *Thron*, 1981, Ton, (Höhe 172cm)

Hände gelegt sind, gedrechselte Holzknäufe werden zu Schulterepauletten. Ein weiblicher Rumpf trägt den Sessel, plastisch und kraftvoll gegenüber der körperlosen Morbidität des Herrscherthrones, gegenüber der Schlaffheit der Greisenhände.

Thematisiert werden also von Künstlern in der Emigration Schwierigkeiten bei der Gründung einer neuen Existenz, wie sie wohl bis zu einem gewissen Maße unvermeidlich sind, aber auch zusätzliche schwere Verunsicherungen durch fremde Anforderungen und Normen.

Die psychische Befindlichkeit drückt sich in manchen Werken implizit aus, prägt den Grundton, die Atmosphäre. So ist oft ein schwermütig depressiver Zug zu beobachten, wie er als Folge von unverarbeitetem Trennungsschmerz bei vielen Emigranten auftaucht. Bisweilen werden aber auch psychische Verfassungen und Gefühle explizit thematisiert.

Metin Talayman wählt für seine Bilder Titel wie: *»Entfremdung«, »Erdrückt werden«, »Isoliert«, »Stumme Angst«*. *Sich auflösen* (Abb. 22) gleicht einem nervösen Psychogramm. Vibrierende Linien heben Schwerkraft und geschlossene Oberflächenkontur auf. Der massive menschliche Körper scheint seinen Aggregatzustand zu wechseln, zu schweben, sich zu verflüchtigen. Gefühle von existentieller Bedrohtheit und Ausgeliefertheit prägen auch seine Bilder zum Thema *Gericht* (Taf. VIII). Mit diesem Inhalt hat sich Talayman schon in der Türkei beschäftigt. Er lehnt direkte, historisch konkrete, inhaltliche Ableitungen ab. »Vielleicht hat dieses Thema aber unbewußt etwas mit dem strengen Auswahlverfahren an der türkischen Malakademie zu tun«, das also für den Künstler persönlich so etwas wie eine Gerichtssituation dargestellt hat. Talaymans Ästhetik ist von expressiver, dramatischer Qualität. So verwundert es nicht, daß er sich seit jeher neben der Malerei auch der Pantomime und dem Schreiben von Theaterstücken zugewandt hat. Auch *Gericht* ist gleichsam in einem Bühnenraum inszeniert, der durch rapide Verkürzungen der Architektur und durch grelle künstliche Lichter, wie von ausgerichteten Scheinwerfern, charakterisiert ist. Starre und hierarchische Höhenstaffelung kennzeichnet die richterliche Gewalt; auf der Bildbühne davor werden heftige Emotionen ausgelöst — durch grelles Rot, von Spiralen eingekreiste zerschnittene Leiber, Vorbeirasen von Schemen.

Immer wieder taucht auch die Vorstellung gespaltener Identität auf. In der Karikatur gibt es archetypische Bilder dafür: der Schatten löst sich vom Körper, der Wanderer geht zugleich vor und zurück.[28] Yeter malt ein Bild mit dem Titel *Wohin gehöre ich*. Auch Fruttuoso Piccolo (Taf. XXIV) beschäftigt sich mit diesem Thema: Auseinanderklaffen, Verdoppelung, Polarisierung sind Metaphern für gespaltene Identität.

22 Metin Talayman, *Sich auflösen*·
1980, Filz- und Buntstift/ Papier, (43x61cm)

Identität

Zwischen mir
und mir
ist eine unfühlbare
Leere.
Um sie auszufüllen
packe ich meine Koffer
und fahre in mein Dorf zurück.
Zwischen den Feigenkakteen
ist immer noch eine Leere
die mir nicht angehört.
Nie habe ich mich
mir selbst
so nah
und fern gefühlt.

(Giuseppe Giambuso)[29]

Neben Bedrohungsängsten, Entfremdungsgefühlen und Minderwertigkeitsvorstellungen finden sich auch Tagträume und sehnsuchtsvolle Visionen der Heimat:

23 Vlassis Caniaris, ohne Titel
1975, verschiedene Materialien, (o.A.)

So kann die Gestalt des Fernsehturms in Frankfurt die Assoziation des Minaretts im türkischen Heimatdorf auslösen (Koyun), oder ein Stück blauer Himmel und ein Vogelkäfig können Leben in einem mediterranen Land vergegenwärtigen (Abb. 23).
Vlassis Caniaris stellt aus Versatzstücken des Emigrantenalltags Szenen zusammen und reichert diese mit treffsicher ausgewählten Objekten an, die Phantasien und Träume auslösen. Sperrmüllmobiliar, billiges Plastik, abgewetzte Teppichbodenreste gehören der einen Ebene an, die Weite des hereinfallenden blauen Himmels, ein Sonnenhut aus Zeitungspapier und rote Rosen der anderen. Caniaris ist nie larmoyant, Sozialkritik und Poesie liegen nahe beisammen, eine Poesie, die einen erbärmlichen Alltag auch ein Stück verdrängen und bewältigen hilft.
Es verwundert nicht, daß sich eine Reihe von Ausländern, insbesondere wenn sie aus ländlichen Gebieten stammen, mit dem Phänomen Großstadt auseinandersetzen. Von Yeter gibt es einen Bildtitel *Flucht vor der Stadt*, seine Picknick-Bilder zeigen, wie sich türkische Familien die Metropole Berlin nach ihren ländlichen Lebensgewohnheiten einzurichten versuchen. Mehmet Aksoy schuf 1987 eine Marmorkomposition *Der Mensch und die Stadt* (Abb. 24). Gezeigt wird der Mensch in Vereinzelung, Starre, Distanz, vor einer Wand, die zerklüftet, aber geschlossen und undurchdringlich ist. Isoliertes Aufragen, Reglosigkeit, Entpersönlichung sind Zeichen des Menschen. Aksoy bedient sich dabei der pla-

24 Mehmet Aksoy, *Der Mensch und die Stadt*
1987, Marmor, (235x200x170cm)

stischen Stilmittel der Formenreduktion und Fragmentarik, des nur partiell ausmodellierten und geglätteten Marmors. Man ist geneigt, das »non finito«, die partielle Rohheit der Skulptur auch als Zeichen unvollständiger Entfaltung menschlicher Möglichkeiten zu interpretieren. In eindrucksvoller Symbolsprache thematisiert Aksoy hier einen Grundkonflikt moderner Lebensweise.

»Ausländer Raus!«

Angesichts der sich andeutenden Weltwirtschaftskrise verfügte die Bundesregierung 1973 einen Anwerbestopp für Ausländer aus Nicht-EG-Staaten. Diese Maßnahme, die steigende Arbeitslosigkeit 1974 und ein Erlaß der Bundesanstalt für Arbeit bewirkten einen Rückgang der Zahl der ausländischen Arbeitnehmer. Dennoch stieg die Gesamtzahl der ausländischen Bevölkerung weiterhin an infolge des Familiennachzugs. Darauf wurde mit örtlichen Zuzugssperren, Erschwerung des Familiennachzugs und Wartezeitregelungen reagiert. Es kam zu einer Zunahme von Fremdenfeindlichkeit bis hin zu Attentaten. Rückkehrprämien bewegten eine nicht geringe Zahl, das Land zu verlassen, dennoch hat ein großer Teil von Ausländern inzwischen die Position von endgültigen Einwanderern.
In der Krise bekommt der Arbeiter »einen Tritt in den Hintern« — dies ist die beliebte Darstellungsform in der Karikatur.[30] Zuerst die ökonomische Krise des Heimatlandes, dann die des Gastlandes — beide Male wird der Arbeiter gezwungen, sein Land zu verlassen, wird er zum Wanderarbeiter. *»Zuzugsperre«, »Lummer-Erlaß«, »Ausweisung«* werden seit den späten 70er Jahren Bildthemen von Yeter.
Hanefi Yeters *Zurück* (Taf. IV) entstand im Jahre 1976. »Denn der Islam lehrt, daß das Schicksal eines Menschen auf seiner Stirn geschrieben stehe und daß die Menschen diese ›Stirnschrift‹ nicht ändern können. Unser Volk hat das auf die Stirn Geschriebene ohnehin nicht lesen können, weil es koran-arabisch war ... Die Schrift auf der Stirn der türkischen Frau ist deutsch geschrieben. Daher wird sie wiederum nicht verstanden« (Vasif Öngören).[31] Ausgeliefertsein an höhere Gewalt, sich Fügen in scheinbar Unabänderliches wird hier mit Fatalismus gesehen. Kein Aufbegehren auch bei Yeter, dafür Sanftmut und Schönheit, die von der Gewalt des bürokratischen Zugriffs nicht zerstört, nur zum Verstummen gebracht wird. Die Stempelprägung »Zur Ausreise aufgefordert« läßt massenhafte Abfertigung ahnen, der handschriftliche Vermerk des Stichtages hingegen beeinflußt individuelles Schicksal. Dies ist »schwarz auf weiß« auf die glatte Stirn der jungen Frau geschrieben. Die pastellfarbenen Tupfer des Kopftuches, die kräftigen Muster des Kleides lassen ländliche Herkunft vermuten. Ausgeliefertheit an die fremde Großstadt Berlin wird symbolisiert: der Stempel des Polizeipräsidenten ist über den Mund gepreßt. Poetische Schönheit, altertümliche Tracht und eine gewisse Würde der Haltung erinnern den abendländischen Betrachter an alte Marienbilder. Yeter benützt das Stilmittel der Montage, um Konfrontation, Zusammentreffen verschiedener Welten darzustellen.

> Über Pässe
>
> Der Paß ist der edelste Teil von einem Menschen. Er kommt auch nicht auf so einfache Weise zustande wie ein Mensch. Ein Mensch kann überall zustande kommen, auf die leichtsinnigste Art und ohne gescheiten Grund, aber ein Paß niemals. Dafür wird er auch anerkannt wenn er gut ist, während ein Mensch noch so gut sein kann und doch nicht anerkannt wird.
>
> (Bert Brecht)[32]

Auch in der bildenden Kunst wurde die unwürdige Abhängigkeit von einem Stück Papier mit Stempel immer wieder thematisiert. Man denke an Felix Nußbaums *Selbstbildnis* von 1943 (Abb. 60), das er in Brüssel gemalt hat, als er illegal bei Freunden lebte, bevor er von den Nazis nach Osten deportiert und umgebracht wurde. Ruhelose Gehetztheit, ängstliches Ausschauhalten aus den Augenwinkeln, Verstecktheit in einer Mauerecke, heimlich hochgeschlagener Revers und der vorgezeigte Judenpaß lassen den Betrachter zum eingeweihten Mitwisser werden.
Eces *Ungültig* (Abb. 25) zeigt, wie vierzig Jahre nach

25 Ihsan Ece, *Ungültig*, 1981, Öl/Leinwand, (80x100cm)

den Juden Türken »abgestempelt« werden. Es würde zweifellos einer unzulässigen Verharmlosung der Greuel des »Dritten Reiches« nahekommen, wollte man das Schicksal der Juden mit dem der Türken gleichsetzen. Andererseits signalisiert der von Ausländern selbst immer wieder herangezogene Vergleich das Ausmaß der Ängste vor einer weiteren Ausbreitung von Fremdenfeindlichkeit in einem historisch so belasteten Land wie Deutschland. Statt der Heimlichkeit und Gehetztheit auf dem Bild Nußbaums findet sich bei Ece Unverständnis und Trauer im Ausdruck. Es ist zu beobachten, daß viele Türken in der Emigration zuerst einmal mit Verständnislosigkeit und Unglauben auf die sich verstärkende Ausländerfeindlichkeit und Geringschätzung reagieren, sind sie doch Angehörige eines Landes, das nie in kolonialer Abhängigkeit war, das sich vielmehr immer in Erobererposition fühlte.

Wir wollen nicht die Juden von morgen werden (Abb. 26) war ursprünglich der Wortlaut einer Aufschrift auf einem Transparent, das türkische Jugendliche in Berlin auf einer Demonstration durch die Straßen führten. Auch Behkalam empört sich über den aufkommenden Rassismus und die Brutalität vieler Türkenwitze, die bewußt mit einem Vergleich Türken — Juden schockieren wollen. Kristallisationskern des Bildes ist ein altes Foto von drei Männern, denen sadistische SS-Soldaten Judensterne auf die Stirne geritzt hatten. Diese drei gedemütigten Menschen sind gleichsam aus dem Bild getreten, wieder zum Leben erwacht, aber auch transformiert worden — ein Zeichen der historischen Kontinuität, aber auch der Variation des deutschen Rassismus. Im Bild ergibt sich ein kompliziertes Verwandlungsspiel mit Kleidern, Bärten, Gesichtszügen. Der mittlere Judenstern läßt sich durch einen Halbmond, der im Hintergrund angedeutet ist, zur Figur der türkischen Fahne ergänzen. Die verblichenen Opfer deutscher Geschichte werden »wiederbelebt«, erscheinen »im neuen Anstrich«, in »neuem Licht«. Derartige sprachliche Wendungen scheinen direkt ins Bild gesetzt, verfolgt man die keilförmigen Partien von fahlen und bunten Farben, von heller und dunkler Beleuchtung. Behkalam zeigt hier in gekonnter Mon-

26 Akbar Behkalam, *Wir wollen nicht die Juden von morgen werden*, 1982, Tempera/Leinwand, (160x140cm)

tage von türkischen und jüdischen Assoziationsträgern die historische Dimension des deutschen Rassismus auf.

Fruttuoso Piccolo: *Ausländer Raus, Tempo 1983* (Abb. 27) — die Verunsicherung der ausländischen Bevölkerung erreichte 1982/83 einen Höhepunkt, als die Kommission Ausländerpolitik eine Reihe von Empfehlungen zur Novellierung des Ausländergesetzes veröffentlichte.[33] Unter dem Motto »Ein erheblicher Teil der zwei Millionen Türken muß in seine Heimat zurück« (Kohl 26.1.83) wurde angekündigt: Nichtverlängerung des Aufenthaltes bei Arbeitslosigkeit oder unzureichendem Wohnraum (12 qm für Erwachsene, 9 qm für Kinder), eine drastische Verschärfung der Ausweisungsbestimmungen, Verbot des Nachzugs für Kinder über sechs Jahre und anderes. Eine gleichzeitig geplante Volkszählung, die eine Unzahl von persönlichen Daten erfassen sollte, hätte zweifellos für manche Ausländer bedeutet, in der Gefahr zu leben, ausgewiesen zu werden, etwa im Falle von ungenügendem Wohnraum. Dies ist auch das Thema der Collage von Piccolo. Das Raster der Volkszählung wird vor dem Auge des Betrachters sukzessive zum Fahndungsraster. Die Maschen des Netzes werden enger und enger, bis das Opfer festgemacht ist. Die dunkle Silhouette läßt den typischen Schnauzbart des türkischen Emigranten erkennen. Ähnlich wie in Yeters Bildern zur Ausweisung wird Ausgeliefertheit an die Bürokratie, an Behördenstempel und Ausweisungsverfügungen thematisiert. Piccolos bildhaftes Spiel mit Schreibmaschinentypen arbeitet mit Zeilenabständen, Verschiebungen und Auslassungen, Überlagerungen und Vervielfältigungen. Seine Arbeiten erinnern an Schriftcollagen Jiři Kolářs und gehen letztendlich auf die Dadaisten der 20er Jahre zurück, etwa auf Schwitters, auf den sich Piccolo ausdrücklich beruft.

27 Fruttuoso Piccolo, *Ausländer Raus, Tempo 1983*
Collage, (30x21cm)

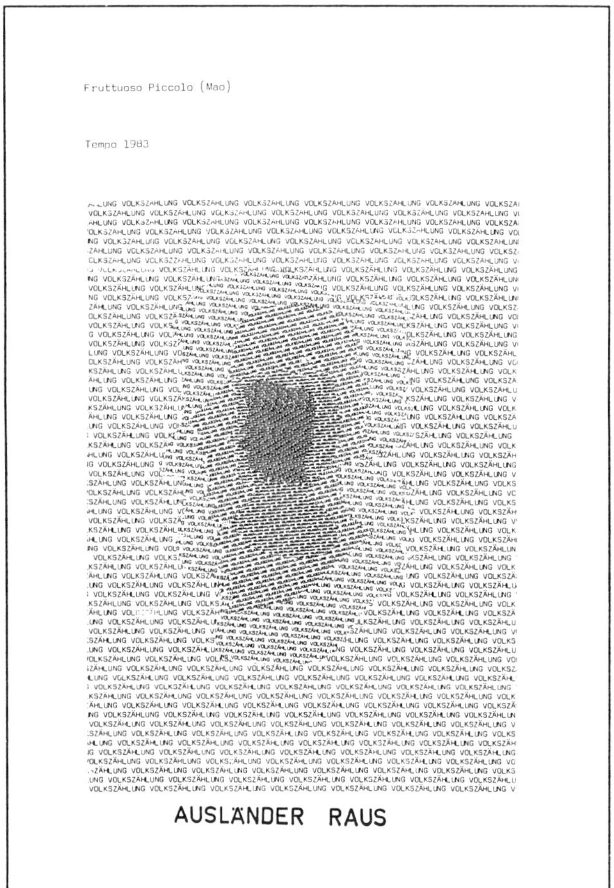

Vom Auswanderer zum Einwanderer

In einer späteren Phase der Emigration tritt bei manchen Künstlern eine grundlegende Veränderung ein: sie beschäftigen sich in ihrer Kunst nicht mehr mit den Verhältnissen in ihren Heimatländern, auch weniger mit der Situation der Arbeitsemigranten in der Bundesrepublik; bisweilen distanzieren sie sich insgesamt von einem früheren Habitus kritisch-realistischer Kunst. Die Gründe dafür sind vielfältig. Zum einen dürften sie in ihrer eigenen Geschichte als Emigranten liegen: nach langen Jahren des Aufenthaltes und nach einer gewissen Anerkennung durch die deutsche Gesellschaft lehnen Ausländer es ab, immer wieder als »malende Gastarbeiter« im deutschen Kulturbetrieb funktionalisiert und ghettoisiert zu werden.[34] Eine weitere Rolle spielt die Veränderung vieler ausländischer politischer Gruppen im Exil:

durch anhaltende Abgeschiedenheit von den Entwicklungen zu Hause kann es zu sektiererischen Tendenzen oder auch zur Auflösung der Gruppe kommen. Dies kann zu einer neuen Orientierung an deutschen politischen Bewegungen führen (Behkalam) oder auch zu einer Entpolitisierung und Privatisierung der Kunst (Tapyuli, Psychopedis). Eine dritte entscheidende Ursache liegt in einer allgemeinen Abwendung des Kunstmarktes von Strömungen eines kritischen Realismus, der in den 70er Jahren insbesondere in Berlin eine große Rolle gespielt hat. Einige Beispiele künstlerischer Entwicklungsprozesse mögen dies belegen:

Beschäftigung mit der deutschen Gesellschaft

Akbar Behkalam zum Beispiel verfolgt von Berlin aus mit reger Wachheit die Entwicklung im Iran, aber zunehmend kritisch auch das, was in seiner neuen Heimatstadt vor sich geht: 1981 entsteht *Zerstörter Lebensraum* (Abb. 28). »Auf meinen täglichen Fahrten durch die Stadt sehe ich Ungerechtigkeit und Armut, die mich an meine Jugend erinnern. Eine Wohnung zu haben war in Täbris ein großes Problem, die meisten Familien hatten nur einen Raum zum Wohnen und Schlafen. Für die Jugendlichen gab es keine Ausbildung, keine Arbeit ... Hier in Berlin stehen Wohnungen leer trotz Wohnungsnot; nicht nur meine ausländischen Freunde spüren das. Ich kann nicht verstehen, daß Häuser zerstört werden, daß der Bagger die Wohnung frißt und Wände und Balken schreien ... Ich vergesse nicht, wie mein Sohn weinte, als er das sah. Und ich verstehe es, wenn junge Leute eine letzte Hoffnung, einen Traum haben, in etwas Selbstgeschaffenem wohnen und leben wollen.«[35] Behkalam malte eine Serie von Bildern zur Räumung von Häusern, die von Jugendlichen besetzt, z.T. auch renoviert worden waren und zuletzt mit massivem Polizeieinsatz gestürmt und endgültig abbruchreif gemacht wurden. Behkalam greift oft auf Gestaltungsprinzipien persischer Buchmalerei zurück, wenn er den Bildrahmen in die Gesamtkonzeption des Bildes einbezieht und manche Bildteile in Draufsicht gibt.

Das zentrale Thema Behkalams sind Menschen in Bewegung. Dies rührt einerseits von einer künstleri-

28 Akbar Behkalam, *Zerstörter Lebensraum*
1981, Mischtechnik, (180x135cm)

schen Vorliebe für Dramatik und Dynamik her, andererseits von konkreter politischer Erfahrung. In diesen Bildern verschmelzen Individuen zu Gruppen, die dahingefegt, gehetzt werden, die voranstürmen, zum Angriff vorgeduckt, gebückt, geballt. Nur Einzelne lösen sich aus der Masse — in oft riskanter Weise. Die Vorliebe fürs Kollektiv rührt sicher auch von gesellschaftlichen Erfahrungen her, die weniger individualisiert sind, in denen »Wir-Gefühle« noch vor »Ich-Gefühlen« dominieren.

Behkalams Beschäftigung mit seiner neuen Heimat bezieht sich also auf aktuelle Ereignisse in Berlin, nimmt aber auch noch andere Dimensionen an: soeben stellt er eine Serie von Bildern zur Geschichte Deutschlands von 1848 fertig.[36] In diesem Zusammenhang entstand auch *Verteidigung* (Taf. VI), das die Barrikadenkämpfe in Berlin im Jahre 1848 thematisiert. Gezeigt wird Zielen, Treffen, Getroffenwerden, ein rasender Sturm der Auseinandersetzung, historisch konkretisiert durch die kleine Figur links in der Kleidung des 19. Jahrhunderts; sie schwingt die deutsche Fahne als Zeichen für die (neben sozialen) auch stark nationalen Komponenten dieser bürgerlichen Revolution. Behkalam malt in sperrigen, dynamisierten Diagonalen, zeigt schreiendes Hintüberstürzen. Sein Stil hat sich geändert, ist abstrakter, summarischer, monumentaler geworden, die Einflüsse aus der islamischen Bildtradition, die noch bei den Häuserkampfbildern zu sehen waren, sind verschwunden. Geblieben ist die Vorliebe für durchsichtige Lagen nuancierter erdiger Farbtöne.

Der chilenische Maler Christian Olivares malt 1981 ein Bild mit dem Titel *Nofretete in der U-Bahn* (Taf. XVI). U-Bahnen sind stolze Symbole der »Bewältigung« des Verkehrs in den großen westlichen Metropolen; zugleich zählen sie heute zu den wenigen verbliebenen Orten öffentlichen Lebens. Überdies faszinieren sie durch das Paradoxon großer körperlicher Nähe bei meist vollkommener Teilnahmslosigkeit der meisten Fahrgäste. Das Bild Olivares' läßt durch die Leere und Glätte, das grelle Ausleuchten und die endlose Reihung der »Sitzzellen« geschlossene Institution, totalitäres System assoziieren. Die Lichtröhren werden in der Verkürzung zu spitzen Pfeilen, die Haltegriffe hängen wie Henkersschlingen bereit. Einziger schemenhafter Fahrgast ist Nofretete. Sie wirkt irritierend und fremd in der »Zeitcollage«, die mehrere Jahrtausende verknüpft, stimmig hingegen in der autoritären Starrheit der Macht. Zudem stellt sie für Olivares eine ganz persönliche Erinnerung dar: eine Nofretete-Reproduktion gab es seit frühester Kindheit in seiner Wohnung in Santiago. Olivares liebt das Zitat. In vielen seiner Bilder tauchen Berühmtheiten der Kulturgeschichte auf.

Ausländer in deutschen Großstädten staunen über die Kontaktlosigkeit von Menschen in U-Bahnen, zutiefst entsetzt sind sie aber über die Ausgegrenztheit und das Elend alter Menschen, Arbeitsloser oder Armer. Sie kommen meist aus Ländern ohne relevante staatliche Sozialversorgung, in denen die Familie noch die alte, allumfassende Funktion hat, Kinderreichtum Sicherheit für Alter, Krankheit und Armut bedeutet und Ehrfurcht vor dem Alter auch zur ideologischen Absicherung ökonomischer Zwänge dient.

Yeter malt Bilder wie *»Drei Berliner Alte«, »Der Mann ist nicht mehr da«, »Blicke, die ins Leere gehen«, »Friedhof«, »Es war einmal«.* — »Und die alten Leute ... sie sind für mich ein Problem ohne Lösung. Warum werden die Frauen hier so allein gelassen? Nehmen wir an, daß ihre Männer im Krieg gefallen sind, aber ihre Kinder? In dem Land, aus dem ich komme, gibt es kaum allein gelassene alte Leute. Auch diese Menschen wurden zum Thema meiner Bilder.«[37] Bei Yeter sind es sozialkritische Anklagen, die den Finger auf eine tiefe Wunde dieser Gesellschaft legen.

Olivares fehlt dieser moralisierende Grundton, er wendet sich dem Thema anders zu, ironischer, distanzierter, auf der Suche nach dem Ausweg in eine Phantasiewelt, mit der Freude an Skurrilität: er malt *Rentnerträume am Renée-Sintenis-Platz* (Abb. 29). Dieser kleine Platz befindet sich unweit seiner Berliner Wohnung. Die Alten, die sich dort treffen, sind zum Gruppenbild arrangiert, ein bißchen steif — aus Würde oder wegen der

29 Christian Olivares, *Rentnerträume am Renée-Sintenis-Platz*
1981, Acryl/Leinwand, (150x180cm)

Gicht. Olivares läßt das Grün des Parks zum Meer der Träume werden, in dem »Unterwasser-Pan« auf der Flöte aufspielt für die Alten: Links stützt sich einer auf knorrige Hände, halb hilflos lächelnder Greis, halb Punk. Die Schöne daneben verdeckt mit der adretten Damenhaftigkeit der Accessoires ihrer Jugendjahre geschickt die Zeichen des Alters. Die Andere träumt vom geschmeidigen Körper einer Seejungfrau und läßt das weiße offene Haar vom Wasser wellen. Ihr zugeneigt ist ein wulstiger dicker Wasserneck. Olivares hat früher bei dem Psychiater Basaglia in Italien gearbeitet. Auch dort faszinierten ihn die Alten, die sich längst aller Hemmungen der bürgerlichen Gesellschaft entledigt hatten, die ihre verrückten Liebesgeschichten direkt mit skurriler Phantasie auslebten, viel freier, viel phantastischer als in der sogenannten normalen Welt draußen.

Neben dem Alter wird auch Arbeitslosigkeit zum Thema, so bei Mehmet Aksoy 1977 (Abb. 30). Die große Figur würde er gerne vor dem Arbeitsministerium in Bonn aufgestellt sehen, meint der Künstler, allerdings hätte sich der Minister bis heute nicht dazu entschließen können. Eine kräftige Männerfigur stützt sich auf eine Brüstung. Die Unterarme und Hände liegen wie große, differenzierte, gut funktionierende Werkzeuge auf, Werkzeuge allerdings, die zur Untätigkeit verurteilt sind. Der Oberflächenrealismus der Arme steht im Gegensatz zur Behandlung des Gesichtes mit seiner embryo-ähnlichen Unentwickeltheit; es liegt wie unter Häuten, die noch abgestreift werden müssen, um aus dem Zustand blinder Hilflosigkeit und Vereinzelung herauszufinden. Aksoy verabscheut alle Wehleidigkeit — sein *Arbeitsloser* ist trotz aller Benachteiligung kraftvoll und gespannt, ist zwar ausgeliefert und zum Warten verurteilt, aber er fordert auch, ist im Begriff einzuklagen, was ihm die Gesellschaft vorenthält.

30 Mehmet Aksoy, *Arbeitsloser*
1977, Kunststoff/Eisen, (185x100cm)

Rückzug ins Private

Besonders eindrucksvoll schildert Cecilia Boisier den Zusammenhang zwischen Exilgeschichte und Themenwechsel in ihrer Kunst: »Seit wir 1974 Chile verlassen haben, waren mein Alltag und meine Arbeit von Exil und Entfremdung stark beherrscht. Da aber eine Rückkehr zunehmend schwieriger erschien, wurde dieser Zustand allmählich entmystifiziert ... ich bin in eine Veränderungskrise geraten, die mich dazu gebracht hat, eine realere Beziehung zu dieser Umwelt, in der ich weiterhin lebe, zu suchen«.[38]

Innenraum II (Taf. XVIII): Cecilia Boisier hat ihre Bildthemen gewechselt. Im Mittelpunkt stehen mittlerweile Räume, Lichteinfälle, Oberflächenstrukturen, die Menschen (die chilenischen Flüchtlinge) sind aus den Bildern verschwunden. Sie versucht jetzt »ihren Alltagsraum malerisch zu verarbeiten«. In *Innenraum II* wird eine Tür aufgestoßen, eine weitere geöffnet, aus der

Licht einfällt und der Ausblick auf Himmel und Wolken freigegeben wird. Es ergibt sich ein optisches Spiel mit dem Verlauf der Fußbodenbretter, der Türfüllungen, Sesselleisten, mit der Farbaufhellung durch Lichteinfall oder durch indirekte Lichtreflexe. Cecilia Boisier ist jetzt fasziniert von Farbvariationen, Oberflächenstrukturen.
Sie formuliert ein Bedürfnis nach ästhetischem, malerischen Experimentieren und ihren Eindruck, in früheren Werken die inhaltliche Aussage auf Kosten der malerischen Qualität betont zu haben. Sie kritisiert Steifheit und malerische Beschränktheit älterer Werke. Zugleich allerdings äußert sie große Skrupel, sieht sie doch in ihren neuen Werken auch die Gefahr inhaltlicher Belanglosigkeit. Die Malerin zitiert eine Bildinterpretation, die ihr besonders gut gefallen hat: *Innenraum II* sei wie aus der Kinderperspektive gemalt, wie von einem Kind gesehen, das zur Tür geht, sie aufstößt und das Neue hereinläßt. Sie kündigt zugleich an, daß sie nach dieser Phase wieder Menschen malen will — man kann gespannt sein auf weitere Veränderungen.
Auch Psychopedis veränderte sich: »Meine früheren Werke wirkten provokativ nach außen ... der ideologische Inhalt war betont. Seit ich in Berlin bin, suche ich eine andere, eine subtilere Funktion des Bildes«. Heute haben seine sehr ästhetischen Bilder vorwiegend privaten, intimen Charakter. Seit 1980 übermalt Psychopedis Polaroidfotos (Taf. XXII, XXIII). Es sind Interieurs, Aktdarstellungen, häufig durch aufgestoßene Türen gesehen, ein bißchen voyeuristisch. Die Übermalung mit Temperafarben faßt die Vielfalt der fotografierten Details zusammen, konturiert, vereinfacht und verfremdet das Foto. Es entstehen kleine bunte Werke, die an Emaillearbeiten erinnern. Bei Tapyuli und Psychopedis sind ähnliche Verlagerungen der künstlerischen Intention vom »Was« auf das »Wie« zu beobachten: zuerst geht es primär um die Aussage, später um ästhetische Beschäftigung mit dem Reichtum von Oberflächenstrukturen, von sensiblen Lichtmodulationen, subtilen Farbklängen und dem Zusammensehen von scheinbar zufälligen Ausschnitten zu neuen formalen Gefügen. Die Anklage gesellschaftlicher Mißverhältnisse ist einer liebevollen und schönheitsdurstigen Akzeptanz der Umwelt gewichen.

Kunst als Erinnerung

> ...Es gibt ein Meer
> oval in seinem Rahmen
> das dich in die Kindheit versetzt
> und träumen läßt
> von einer Reise aus ihr heraus
>
> (Salvatore A.Sanna)

Zu diesem Gedicht schreibt Chiellino: »Die Kindheit ist eine Lebensstufe prall von Sinnlichkeit. Die Sinnlichkeit als tragendes Element aller physischen und psychischen Erfahrungen, die untrennbar mit dem Ort verbunden sind, an dem sie erlebt wurden ... Die Kindheit als Zeit der großen Tagträume. Als Zeit, in der man damit beschäftigt ist, die Welt jenseits der Kindheit träumend aufzubauen und sich die Welt an den anderen Ufern des Meeres vorzustellen, indem man den Erzählungen der Zurückgekehrten lauscht, die von ihr in einer Mischung von Enttäuschung und Sehnsucht reden«.[39]
Adelchi-Ricardo Mantovani empfindet seine Emigration als Flucht, Flucht vor seiner Kindheit und Jugend, die er in streng katholischen Heimen in Ferrara verbracht hat, Flucht auch vor einem Leben »ganz unten«. In Berlin war es ihm dann möglich, sich vom Arbeiter zum freischaffenden Künstler emporzuarbeiten. Mantovani empfindet dies als Aufstieg, verbunden mit Gewinn an gesellschaftlicher Achtung und Abschütteln von Diskriminierung. Obwohl — oder vielleicht gerade weil — er länger und genauer als die meisten Künstler das Leben eines Gastarbeiters kennt, thematisiert er dies nie in seiner Malerei. Thema seiner Kunst sind vielmehr Kindheitserinnerungen (Abb. 31), die Erinnerungen eines Außenseiters an Heimzucht, starren Katholizismus, Sexualunterdrückung, Verlassenheitsgefühle, die er als kleiner Junge fernab von der Familie erdulden mußte. *Das glückliche Martyrium der heiligen Agathe* (von 1973) zeigt die »Zurichtung« der Kinder durch stereotype Reihung, Uniform, Haarschnitt, durch Redeverbot beim Essen, dessen Einhaltung durch rutenbewehrte Nonnen kontrolliert wird. Die Kehrseite der Unterdrückung wird auch gezeigt: sexuelle Visionen mit ausgesprochen

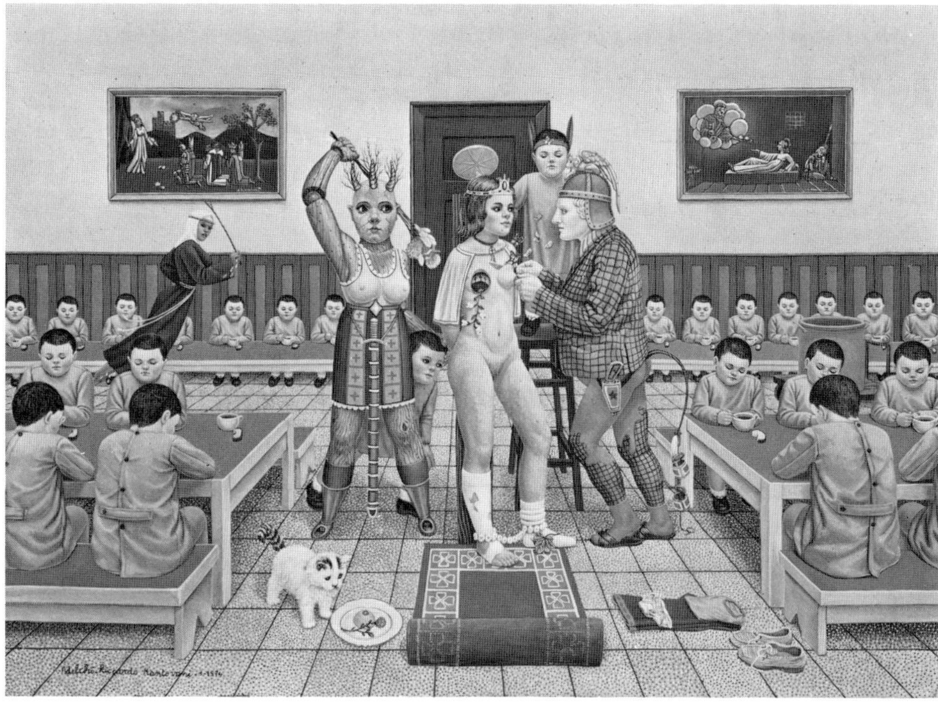

31 Adelchi-Riccardo Mantovani, *Das glückliche Martyrium der heiligen Agathe*, 1973, Acryl,(50x70cm)

sadistischen Qualitäten, wie sie schon immer bei Folterungen oder Martyrien von Frauen Tradition hatten.
Mantovanis *Gesichter einer Straße* entstand acht Jahre später (Taf. XXI). Ein alter Mann blickt auf sein Leben zurück, die Straße ist versperrt, es gibt keinen Weg in die Vergangenheit zurück. In der linken Bildhälfte also der Sog des Vergangenen, der das Auge in die Tiefe führt, an Hauswänden entlang, durch Bögen hindurch, sich zuletzt in der Endlosigkeit der Straßen verlierend. Rechts drängen die Bilder der Kindheit in den Vordergrund: ein Gruppenbild wie aus dem Familienalbum wird zum schön gerahmten Fresko, dessen Farbe zu blättern beginnt. Der Alte sitzt in einem merkwürdigen Gefährt, halb Rollstuhl, halb Wagen, davor ein schwarzer Hund — Mantovanis Symbol für Raubtier, Triebwelt; hier ist er gezähmt, beruhigt, vor den Karren gespannt. Vielleicht ist der Hund auch eine Anspielung auf den Wächter des Hades. Mantovanis Bilder sind sonderbar starr — der Karren des Alten scheint hier schon ewig zu stehen, kein Zufahrtsweg wird plausibel. Das Pflaster ist grün überwachsen, als ob es nicht mehr begangen würde, die Farbe blättert von der Wand, es gibt keine Schatten, die den Sonnenstand ablesen ließen. Zeitlosigkeit, Versteinertheit, Buntheit mancher Traumbilder, die wir kennen, finden sich im Werk des Künstlers wieder, der sich der tiefenpsychologischen Dimension seiner Bilder durchaus bewußt ist. Er hat Sigmund Freud studiert und unterhält sich mit Psychologen über seine Werke. Mantovani hat sein ganzes Leben hindurch gemalt und weiß heute, daß dies seine Chance war, unerträgliche Zwänge der Heimzeit und eines armseligen Arbeitslebens zu bewältigen — Malerei also als Überlebensstrategie. Erinnerung an die Kindheit bedeutet für Mantovani auch Erinnerung an Italien, an klassi-

32 Carlo Crivelli, *Verkündigung*, 1486
Tempera/Holz, (207x146cm), London National Galery

sche Kunst: Erstaunlich ist die Ähnlichkeit in der räumlichen Gesamtdisposition von *Gesichter einer Straße* mit Crivellis *Verkündigung* von 1486 (Abb. 32). Mantovani gibt an, das Bild nicht zu kennen — es hängt in London.

Giuseppe Medagli — *L'Aurora* (Taf. XIX): Auch für Medagli hat seine Kunst viel mit Erinnerung zu tun, er nennt sie »Pittura della memoria«. »Mit der Zeit habe ich unbewußt mein Land gesucht, meine Geschichte und das, was ich als Kind gesehen habe: z.B. war ich als Kind in einer Kirche in Neapel mit vielen Fresken und Skulpturen — eine wunderschöne Kirche — und da waren einige Fresken z.T. kaputt, z.T. konnte man noch die Farbe richtig sehen. Ich glaube, daß das unbewußt in meinen Bildern wiederkommt«.[40] Medagli war fasziniert vom schichtweisen Abblättern alter Fresken, das tiefer gelegene Schichten mit linearen Vorzeichnungen zum Vorschein bringt, ebenso vom fragmentarischen Charakter der Fresken, der das Ergebnis eines Verfallsprozesses ist. Dies führte zu einer ganzen Serie von Bildern, die an verschnürte Pakete erinnern, die z.T. aufgerissen scheinen. Die Vorstellungskraft wird irritiert durch Wechsel der Tiefenebenen: das Papier scheint bald als Hülle über dem Bild, bald als Vorzeichnung darunter zu liegen. Die solide Intaktheit der glatten Oberflächen, die an gemalte Skulpturen erinnern, die idealisierte klassische Schönheit der Göttin der Morgenröte kann nur als Fragment ertragen, muß mit Unfertigem, Flüchtigem ergänzt werden: Die kunstvolle altmeisterliche Ölmalerei kontrastiert mit billigem Papier und Schnur. Manzonis *Paket* ist ein Fixpunkt für Medaglis Kunst. Medagli mischt Momente der »arte povera« und der Konzeptkunst der 60er und 70er Jahre mit der Zitatkunst der 80er Jahre. Er legt großen Wert darauf, sich als italienischen Künstler zu definieren, der im Ausland lebt und um eine Stilsynthese bemüht ist. Medagli klagt, daß in Deutschland Expressionisten in der Art der »Neuen Wilden« eine bessere Konjunktur haben als Neoklassizisten wie Mariani oder er selbst. So nannte er eine Ausstellung 1986 »Die verbotene Malerei«.

Mehmet Güler verarbeitet während seines Aufenthaltes in Kassel ausschließlich Erfahrungen aus seiner Kindheit in dem anatolischen Dorf, das er mit 13 Jahren verlassen hat. In seiner Kunst findet sich keinerlei Niederschlag der Erfahrungen, die er seit mehr als zehn Jahren in Deutschland gemacht hat, keinerlei Anklang etwa an die deutsche Landschaft. 1970, noch in der Türkei, entstanden Holzschnitte, die die Unerbittlichkeit und Kargheit der Lebensbedingungen dort beschreiben. So etwa *Müdigkeit* (Abb. 33):

> warum gleichen ihre Blicke Kranichzügen
> warum gleichen ihre Blicke Eisengittern
> schrecklicher noch ihre Münder als Narben von Messerstichen
> schrecklicher noch als verschiossene Türen
> stehen da/doch wie müde
> stehen da/doch wie fern
> stehen mit warmen Blicken
> doch wie Gewehrläufe!
>
> (Hasan Hüseyin Korkmazgil)[41]

33 Mehmet Güler, *Müdigkeit*, 1970, Holzschnitt, (25x25cm)

Die Maserung des Holzstockes ist für Güler Quelle der Inspiration: aus konzentrischen Linien werden Faltenwürfe, die schweres Hocken umspielen, werden hängende Zeichen für Entkräftung, für Niedersinken, werden Rahmen für gebeugte Gesichter. Die Jahresringe des Holzes ähneln den ins Antlitz geschriebenen Furchen. Frauen sind Gülers Hauptthema. In der Türkei sind sie die Hauptträgerinnen einer immer weniger ertragreichen Landwirtschaft: Bestellen der Felder, Haushalt und Kinder fallen ihnen zu (die Männer finden immer Zeit, stundenlang im Teehaus oder beim Friseur zu sitzen). Noch gesteigert wird die Bürde, wenn die Männer die Dörfer verlassen und im Ausland Arbeit suchen. Bei den frühen Holzschnitten Gülers ist die Erinnerung an diese Verhältnisse noch sehr konkret. Bei aller Drastik bleibt er aber immer Ästhet: apart sind die Ausschnitte, die Anschnitte durch den Bildrahmen. Eine gewisse Verwandtschaft mit dem Jugendstil fällt auf (siehe Kapitel 2, Kulturelle Wechselbeziehungen).
Je länger nun Güler in Deutschland lebt, desto verklärter, schöner, idealisierter scheint die anatolische Welt. So etwa in dem Gemälde *Ich bin machtlos* von 1983 (Taf. XII). Die weite Landschaft füllt das Bild bis obenhin. Es gibt schöne, erdig getönte Farbflächen. Bodenunebenheiten, Rinnsale, die Furchen des Windes in den Kornfeldern bilden wohlüberlegte Zäsuren, die das Bild im formalen Gleichgewicht halten. Die Gestalt der anatolischen Landschaft wird zum ästhetischen Auslöser für Farbflächen von geschlossener Eleganz, die wie Emaille auf einem Schmuckstück wirken. Die Frauen in ihren wehenden Gewändern sind würdig und schön, von den Mühen und der Plackerei ihrer Arbeit ist nichts mehr zu spüren. Der inzwischen zum Städter gewordene Maler betrachtet die ländliche Welt mit romantisch-ästhetisierendem Blick, sucht meditative Versenkung in eine harmonisch in sich ruhende Formenwelt.
Mit Mantovani, Medagli, Güler wurden Künstler angeführt, die in der Emigration hauptsächlich von Erinnerungen an ihr Herkunftsland zehren. Sie zitieren dabei im Ausland sehr bewußt die Kultur ihrer Heimat — sei es die klassische Kunst Italiens, sei es die spezifische Ästhetik Anatoliens, die in typisch flächendekorativer Weise wiedergegeben wurde. Eine gewisse Tendenz, eindeutige »Kultursignale« geben zu wollen, die im Ausland unmißverständlich begriffen werden, taucht auf. Bewußt wird bisweilen mit dem Reiz des Fremdländischen gespielt. Mantovani: »Als Künstler ist es jetzt sowieso besser, Ausländer zu sein. Das klingt immer ein bißchen exotisch . . . «[42]

Rückkehr oder »Pendler zwischen den Welten«

Die Frage nach dem langfristigen Verhältnis zum Herkunftsland bleibt für alle Künstler, die im Ausland leben, von existentieller Bedeutung. Gespräche zeigen, daß sich viele von ihnen eine explizite Entscheidung offen lassen, oder angeben, daß sie »irgendwann einmal« zurückkehren wollen. Auf genaueres Nachfragen erfährt man häufig, daß sie sich effektiv bereits hier angesiedelt haben und eine Rückkehr für schwierig halten, insbesondere wenn sie mit Deutschen verheiratet sind und

Kinder haben, die hier aufgewachsen sind und deren ungestörte schulische Entwicklung wichtig ist. Bisweilen erweckt es den Eindruck, als ob sich mit diesen Argumenten auch eine definitive Entscheidung hinausschieben ließe. Der Einwanderungsprozeß vollzog sich in diesen Fällen gleichsam hinter dem Rücken der Betroffenen. Die Heimat wird in dieser Lebenssituation zum Urlaubsland, in das man regelmäßig fährt. Die heimatliche Kulturtradition, die vertraute Ästhetik einer Landschaft kann zum wichtigen künstlerischen Fundus, zum Stimulans für die im Ausland produzierten Werke werden, die öfter nostalgische Züge aufweisen (Güler, Medagli . . .).

Eine Reihe von Künstlern versuchten — wie schon erwähnt — nach einer Ausbildung in Deutschland als Lehrer an die Akademien ihrer Heimatländer zurückzugehen. Der Vergleich mit dem reicher entfalteten Kulturleben und einem politisch liberaleren Klima hierzulande ließ sie aber früher oder später wieder in die Bundesrepublik zurückkehren (Yeter, Köker, Behkalam, Ehrari). Es kam gleichsam zu einer zweiten Auswanderung; danach ist oft eine sukzessive stärkere Auseinandersetzung mit der »neuen Heimat« unter einer längerfristigen Perspektive zu beobachten, die sich auch in der Kunst ablesen läßt.

Andere Künstler pendeln zwischen Deutschland und dem Herkunftsland und auch weiteren Ländern hin und her, sind verankert in dem multinationalen Kulturbetrieb und haben stellenweise auch eine gewisse Distanz zu allen Aufenthaltsorten (Psychopedis, Olivares).

Anders ist die Situation für Künstler, die definitiv in ihre Heimat zurückgekehrt sind. In diesem Zusammenhang seien Vlassis Caniaris und Dragutin Trumbetaš angeführt. Wie viele andere Künstler und Intellektuelle kehrte Caniaris nach dem Ende der griechischen Militärdiktatur nach Athen zurück. Er folgte zudem einem Ruf auf die etablierte Stelle eines Professors an der technischen Universität. Den Beginn der Diktatur hatte Caniaris in Griechenland erlebt — seine Kunst war damals subversiv und verschlüsselt (*Auferlegtes Schweigen* von 1969, Abb. 48) und führte zu einer kulturpolitischen Sensation. In den letzten Jahren hatte Caniaris' Kunst die Möglichkeit breiter öffentlicher Entfaltung. Das riesige Environment *Hélas Hellas* (Abb. 39) tritt mit universellem Anspruch auf. Es spielt mit den verschiedenen Möglichkeiten künstlerischer Imagination und auf den verschiedensten Ebenen des Alltagslebens und der großen Tradition griechischer Kultur, Philosophie und Mythologie. Die scharfe Provokation der frühen Werke scheint jetzt nicht mehr nötig zu sein. Im demokratischen Griechenland von heute geht es Caniaris um großangelegte analytische Auseinandersetzung mit seinem Land, die bei aller Ironie und Distanz doch auch unübersehbare Momente positiver Identifikation an sich hat. Möglicherweise hat Caniaris' Bemühung um eine Gesamtschau, um eine Definition des Landes noch etwas mit der Außensicht des wieder in die Heimat »Eingewanderten« zu tun: der »Blick des Fremden« ist diesmal auf die Heimat gerichtet.

Trumbetaš' Rückkehr nach Jugoslawien 1980 verlief ungleich konflikthafter (siehe Kapitel 3). Hauptgründe für die Heimkehr waren familiäre Zerrissenheit und mangelnde Resonanz auf seine letzten Werke in Frankfurt. Die erste Zeit in Jugoslawien war geprägt durch politische Sanktionen, schlechteste finanzielle Lage und ein Ausreiseverbot. In seiner Kunst läßt sich eine Kontinuität feststellen: auch zu Hause befaßt er sich in Bild und Wort mit dem Thema Arbeitsemigration. Er versucht Ausstellungen zu organisieren mit seinen alten Zeichnungen, schreibt Theaterstücke, versucht öffentliche Diskussionen über Auswanderung und Rückkehr zu initiieren. Zudem arbeitet er seit Jahren an einem Zyklus über Zigeuner — also einer ethnischen Minderheit in seinem Lande. Er wünscht sich nichts sehnlicher, als nach Deutschland reisen zu können — zu Freunden, zu Ausstellungen, zu geplanten Aufführungen seiner Theaterstücke, wohl am liebsten für immer. Die häufig zu beobachtende Variante einer »zweiten Auswanderung« nach gescheitertem Rückkehrversuch war für Trumbetaš bisher ausgeschlossen. Die Möglichkeit, sich in der Heimat als angesehener Künstler zu entfalten und künstlerische Impulse aus dem Ausland einzubringen, wie sie z.B. Caniaris hatte, blieb ihm bisher ebenfalls verschlossen.

Anmerkungen

(1) siehe Katalog »Hanefi Yeter«, 1982, S. 10

(2) siehe Katalog »Akbar Behkalam«, 1987, S. 187/188

(3) Yeters »Der Tote vom Beyazitplatz« von 1977 bezog sich auf dasselbe Ereignis; Katalog »Hanefi Yeter«, 1982, S. 55

(4) siehe Katalog »Mehmet Aksoy«, 1982. Darin Sebahattin Tuncer: »Das Epos des Lebens in der Bildhauerei Mehmet Aksoys«, S. 62

(5) siehe Mehmet Aksoy: »Es sind die Blumen der Freiheit«, in: Katalog »Mehmet Aksoy«, 1982, S. 22

(6) so etwa auch auf dem Gebiet der Reinheitsvorstellungen: Sunniten begnügen sich mit äußerlichen Sauberkeitsritualen (Waschungen etc.), während Alewiten auf »innere Sauberkeit« als Vorbedingung zum Beten bestehen.

(7) siehe Akbar Behkalam: »Eine Geschichte«, in: Katalog »Akbar Behkalam«, 1981, S. 50

(8) siehe Hetmann, 1984

(9) aus Schaffernicht, 1981, S. 141

(10) »Annegret Jürgens-Kirchhoff im Gespräch mit Cecilia Boisier«, in: Schaffernicht, 1981, S. 174

(11) siehe Manifest von 31 chilenischen Künstlern zur Ausstellung »Unter Allende gehört die Kunst dem Volk«, in: Katalog »Chilenas«, 1983, S. 27

(12) aus Ören, 1973, S. 32

(13) siehe Katalog »Ohannes Tapyuli«, 1979.
Hier sei erwähnt, daß sich Tapyuli leider nicht bereit erklärte, Abbildungen für dieses Buch zur Verfügung zu stellen. Er lehnt es ab, mit vielen der türkischen Künstler zusammen beschrieben zu werden, da er sich von ihnen bei Aktionen, die auf seine besondere Situation als Armenier hinweisen sollten, nicht hinreichend unterstützt fand. Frühe traumatische Erfahrungen als Angehöriger einer verfolgten Minderheit in der Türkei verunmöglichen offensichtlich auch im Exil einen einigermaßen entspannten Umgang mit Angehörigen der Mehrheitskultur seines Landes.

(14) siehe Katalog »Jannis Psychopedis«, 1984, S. 6

(15) siehe »Burhan Karkutli über Dragutin Trumbetaš«, in: Schaffernicht, 1981, S. 118

(16) aus Akçam, 1982, S. 57

(17) Prometheus wurde verherrlicht als Erfinder der Baukunst, Schiffahrt und Astronomie, von Zahl, Schrift, Bearbeitung der Erze u.a.; er bekämpfte Zeus und entwendete ihm das Feuer. Zeus ließ ihn zur Strafe an einen Felsen fesseln, wo ihm täglich ein Adler die Leber zerfleischte, die nächtlich wieder nachwuchs. Schließlich befreite ihn Herakles (Fischer-Lexikon).

(18) siehe Katalog »Fotis«, 1982

(19) siehe Katalog »Torso als Prinzip«, 1982. Darin insbesondere Herbert Malecki: »Fragmentarische Überlegungen zur Dimension des Fragmentarischen«, S. 34 ff

(20) Ehrari, 1982, S. 22

(21) siehe »Avocados auf deutschen Kartoffelfeldern? — Die türkische Bildhauerin Azade Köker im Gespräch mit Olav Münzberg«, in: »Ästhetik und Kommunikation« Nr. 44, 1981, S. 106

(22) Ausländer treten jetzt mit der deutschen Bevölkerung in eine neue Konkurrenz am Wohnungsmarkt, in Schulen, Krankenhäusern, etc. Fremdartige religiöse Bräuche, Kleidung, Familienverhältnisse können neuerdings Tür an Tür beobachtet werden.

(23) Zur Kennzeichnung der Lage: Jeder zweite ausländische Schüler hat keinen Hauptschulabschluß, von den türkischen Schülern sogar 2 von 3 Schülern. 70 % der ausländischen Jugendlichen sind arbeitslos. Siehe dazu z.B. Haller, 1983

(24) aus Chiellino, 1985, S. 96

(25) »Die deutsche Frau denkt freier, bewegt sich freier und handelt freier. Sie kleidet sich leicht; das muß nicht heißen, daß sie leicht ist. Auf- und erregend ist es für einen jungen Moslem, hier sommertags durch die Straßen zu gehen. ›Schau doch mal her‹, signalisieren Kleidung, viel Haut, fröhlich Wippendes, Gestik und Mimik und Rundes in Jeans. . .« Aus: Fahri Kaya »Gedanken zu Deutschland«, in: Schaffernicht, 1981, S. 72

(26) siehe »Avocados. . .«, a.a.O., S. 108

(27) Theweleit, 1978; Katalog »Faschismus — Renzo Vespignani«, 1976

(28) siehe Katalog »Die in der Fremde arbeiten — Zeichnungen und Karikaturen«, 1983, Abb. 93

(29) aus Chiellino, 1985, S. 79

(30) siehe Katalog »Die in der Fremde arbeiten«, a.a.O

(31) siehe Vasif Öngören: »Ein Gemälde«, in: Katalog »Hanefi Yeter«, 1980, S. 71

(32) aus Brecht: »Flüchtlingsgespräche«, 1940/41, S. 1383

(33) Diese wurden allerdings bis heute nicht durchgeführt, wohl auch deshalb nicht, um die Türkei von der Durchsetzung der vertraglich für Ende 1986 vorgesehenen Freizügigkeit in EG-Ländern für türkische Gastarbeiter abzuhalten.

(34) »Race-relation-industry« in der Bundesrepublik: eine Fülle von Sammelausstellungen ausländischer Künstler seit Mitte der siebziger Jahre (»Gastarbeiter 1975/76«, München, Regensburg; »Kunstquartier — ausländische Künstler in Berlin«, 1982; »Die in der Fremde arbeiten«, Duisburg 1983; »Sieben türkische Künstler in Berlin«, 1984 . . .); Künstlerprogramm des DAAD: Vlassis Caniaris »Skulpturen zur Fremdarbeitersituation«, 1973; Arbeitsstipendium des Berliner Senators für Wissenschaft und kulturelle Angelegenheiten für Metin Talayman mit dem Auftrag, die Situation seiner Landsleute zu malen. Dazu kommen viele Veranstaltungen gegen Ausländerfeindlichkeit und eine Flut von Literatur zum »Ausländerproblem«, zu deren Illustration ausländische Künstler herangezogen werden. Plakate zum »Tag des ausländischen Mitbürgers« werden in Auftrag gegeben.

(35) siehe Katalog »Akbar Behkalam«, 1981, S. 50

(36) siehe Katalog »Akbar Behkalam«, 1987

(37) siehe Katalog »Hanefi Yeter«, 1982, S. 13

(38) aus einer Einladung zu einer Ausstellungseröffnung von 1985

(39) aus Chiellino, 1985, S. 77

(40) aus einem Interview der Autorin mit Giuseppe Medagli, 1986

(41) aus Katalog »Mehmet Güler«, 1985, S. 58

(42) siehe Katalog »Kunstquartier — Ausländische Künstler in Berlin«, 1982, S. 256

2. Kunst in der Emigration — Stilanalyse

Die Frage nach den spezifischen ästhetischen Qualitäten der Kunst der Emigranten verfolgt zwei Stränge, und zwar die Stileinflüsse aus orientalisch-islamischem Kulturbereich (Türkei, Iran) und die abendländisch-antikischen Einflüsse etwa aus Italien und Griechenland.

Stileinflüsse aus orientalisch-islamischem Bereich (Türkei, Iran)

In islamischen Ländern verzichtet die religiöse Kunst auf die Darstellung von Menschen und Tieren, sie entwickelt dafür eine hochästhetische Ornamentik aus abstrakten, pflanzlichen und Schriftformationen und bevorzugt die Kalligraphie gegenüber der Malerei. Darstellungen von Menschen fanden sich aber durchaus in der weltlichen höfischen Malerei, wovon persische und osmanische Buchmalereien zeugen. Yeters *Picknick-Bilder* (Taf. II) belegen eine bewußte Auseinandersetzung mit kulturellen Traditionen seines Landes, die vor der im 19. Jahrhundert einsetzenden Welle starker europäischer Kultureinflüsse liegen. Aus der Buchmalerei (Abb. 16) übernimmt er das Prinzip einer Gesamtkomposition von Schrift, Rahmen und Bild sowie eine flächig dekorative Ästhetik. Seinen Bildern fehlt die seit der Renaissance im Abendland übliche, von der Zentralperspektive herrührende Tiefenillusion, statt dessen wird der Boden gleichsam hochgeklappt, ein räumliches Hintereinander wird zu einem flächigen Übereinander; zugunsten der Klarheit der Darstellung werden Überschneidungen möglichst vermieden. Wie in der Buchmalerei wird die Bildfläche in großen, zusammenhängenden Farbflächen organisiert, die in sich wiederum vielfältig nuanciert sind: durch die Muster der Teppiche, durch die aufgelöste Struktur blühender Bäume und quellender Wolken. Nach orientalischer Manier rahmt Yeter sein Bild mit dekorativen Zwickeln aus Arabeskenranken und Schrift — in typischer Freude an Vergitterungseffekten. Die Schrift in den Zwickeln gibt ein Gedicht von Nazim Hikmet wieder (»Wir wissen es beide, Geliebte ... «). Die alte Tradition, das Bild dem geschriebenen Wort unterzuordnen, wird von verschiedenen Künstlern des islamischen Kulturkreises auch in der Emigration fortgesetzt.

Das Primat des Gedankens vor dem Bild wird von einzelnen Künstlern klar formuliert. Yeter: »Zuerst ist immer das Thema da, dann denke ich lange über die Botschaft nach ... , dannn grüble ich über Farben, Formen ... «. Behkalam: » ... ich denke, ich grüble endlos nach, ehe ich male ... ich will, daß man meine Bilder lesen kann.«[1]

Diese Grundhaltung führt in unseren Augen bisweilen zu einer tautologischen Wiederholung von Text und Bild; es gibt keinen Deutungsspielraum, keine Verfremdung, der Wert wird vielmehr in der Unmißverständlichkeit der Aussage gesehen (bei einigen Künstlern wird diese Tendenz noch durch Postulate des sozialistischen Realismus verstärkt).

In diesem Zusammenhang sind verschiedene Zyklen von Ismail Çoban zu erwähnen, die sich aus Bildern und Texten zusammensetzen. So das *»Epos des Scheich Bedreddin«* (Abb. 50), *»Lied vom Roten Fluß«* und

34 Ismail Çoban, *Ruhe*, aus: *Orientalisches Antimärchen*, 1980, Farbradierung, (10x10cm)

»Orientalisches Antimärchen« (Abb. 34) — letzteres ist ein Mappenwerk mit zehn Farbradierungen, das die feudalen Abhängigkeiten anatolischer Bauern von einem mächtigen ›Aga‹ zum Thema hat. Blatt 9, *Ruhe*, trägt folgende Textunterschrift:

> »Die Ruhe in Göreme ist trügerisch. Kerim, seine Frau Kumru und die Töchter leben durch Gewalt ›beruhigt‹ in dem Haus, über dem der schwere Fels lastet. Tahir Agas Macht ist allgegenwärtig. Die Leute von Göreme wissen, daß Gewalt stärker ist als friedliches Glück. Die Ideen verdorren wie die Blätter welker Blumen unter des mächtigen Dämons Händen. Wenn auch die Eiche stürzen sollte, die Vergangenheit wird immer lebendig bleiben. So singt Kerim von den Taten und dem Leben seiner Vorväter, und Yonus, der Prophet, erzählt die Sagen, die seit alten Zeiten überliefert worden sind. ›Durch das, was wir von den Vätern erbten, schöpfen wir Hoffnung und Trost. Unsere Söhne aber werden die Gegenwart überwinden‹, sagt Yonus zu Kerim. Kumru aber denkt an ihren Sohn Oguz.«

Bei vielen Künstlern des islamischen Kulturkreises findet sich eine Vorliebe für allegorische und symbolische Darstellungen. Çobans *In Erwartung des Orkans* (Taf. XIV) meint eigentlich »In Erwartung des politischen Umsturzes«. Zugrunde liegen die Erfahrungen der geradezu regelmäßigen Abfolge von Militärdiktaturen in der Türkei (etwa alle zehn Jahre). So hat auch der letzte Putsch 1980 niemanden im Lande überrascht. Çoban malte sein Bild im Jahre 1977, beunruhigt durch die neue Regierungsbildung, in der auch die nationalistische MHP vertreten war. (Diese Situation hatte auch schon Yeter thematisiert: siehe Taf. I.) Çoban erklärt sein Bild: »es heißt, wenn Gefahr auf einen zukommt, muß man sich im Geist und im Vormarsch zurückhalten, man soll dann eher ein Wort weniger sagen, ehe man sich in Gefahr begibt. Ich wollte in meinem Bild die Hoffnungslosigkeit zeigen, die darin liegt, in die Zukunft zu schauen und zurücklaufen zu müssen«.[2] Dies wird wörtlich dargestellt: Die Köpfe sind eng aneinandergeduckt und in Erwartung des Unwetters, sie schauen nach vorne, Arm und Bein hingegen sind rückwärts gerichtet, der Kopf des Alten symbolisiert Hoffnungslosigkeit. Wir haben es hier nicht etwa mit einem formalen Spiel mit Körperteilen zu tun, sondern mit der Illustration eines Sprichwortes, mit einem bildhaften Symbol für Bedrohtheit und Ohnmacht. Die Interpretation durch den Künstler selbst ist für uns allerdings unverzichtbare Deutungshilfe.

Ehraris *Feuervogel* (Abb. 15) illustriert eine alte persische Geschichte von einem seltenen Vogel, der frei und ungezähmt lebte, dann aber von den Bewohnern seines Landes eingefangen und in einen Käfig gesetzt wurde, aus Angst, er könnte den Neid von Fremden erwecken und gestohlen werden. Doch dem Feuervogel gefiel das nicht, er plusterte sich auf, schlug mit den Flügeln und hackte wütend mit dem Schnabel nach seinen Wärtern.[3] Ehrari schreibt, daß der Vogel als Symbol der Freiheit, der Rahmen für begrenzten Lebensraum, Raum für eingeschränkte Freiheit, Fenster für Hoffnung stehen. Tiersymbolik, Allegorien (etwa Aksoys *Türkei* oder *Integration*), Illustrationen von Sprichwörtern — alle diese Darstellungsformen zielen darauf ab, abstrakte Begriffe bildhaft darzustellen.

In der Karikatur ist die Nähe von Begriff und Bild besonders evident. Karikaturen haben in der Türkei eine hundertjährige intensive Geschichte mit Karikaturistenvereinen und einem eigenen Museum.[4] Sie sind geprägt von anschaulicher Begrifflichkeit, von Wortwitz, Ironie und knapper sprachlicher Pointierung. Ihre Ästhetik, das Ausreizen des Wechsels von breiter und zarter Strichführung der Feder, knüpft an die Kalligraphie an, die ihrerseits schon zur bildhaften Gestalt gedrängt hatte (Abb. 35).

Arabische Schrift ist für den abendländischen Betrachter ein eindeutiges Zeichen spezifischer Kulturzugehörigkeit. Sie kann direkt Bedeutungscharakter haben, sie kann aber auch zum selbständigen ästhetischen Element transformiert werden, so etwa bei Ergin Inan (Abb. 36). Inan collagiert alte Koranseiten, die er selbst nicht mehr lesen kann, die er aber als »alten, vergilbten« Malgrund schätzt und dekorativ im Sinne flächenfüllender Ornamentik werden läßt. Die andere Wurzel der Kunst Inans liegt aber durchaus in europäischer Tradition. Bei vielen Bildern fühlt man sich an Renaissanceskizzen zur Anatomie oder an Leonardos groteske Physiognomiestudien erinnert. Durchsichtige Zeichnungen in mehreren Lagen spielen mit Fragen nach Identität und Geschlecht, nach Gesichtszügen und intakter Körperoberfläche. Surreale Freude am Rätselhaften, Vieldeutigen, am fließenden Übergang zwischen verschiedenen Realitätsebenen prägt Inans Bilder. Die Bildstruktur ist harmonisch und statisch, weist bisweilen Tendenzen zu zweiseitiger Symmetrie auf.

Zusammenfassend läßt sich sagen: das orientalische Element in der Kunst der Emigranten heute zeichnet sich durch einen Hang zu flächendekorativer Gestaltung, Übermusterung, ornamentaler und farbiger Kostbarkeit aus. Dazu kommen Fabulierlust, erzählerischer Reichtum und ein Primat des Begrifflichen vor dem Bildhaften — all das sind Momente, die schon immer typisch für den Einfluß aus diesem Kulturbereich waren.

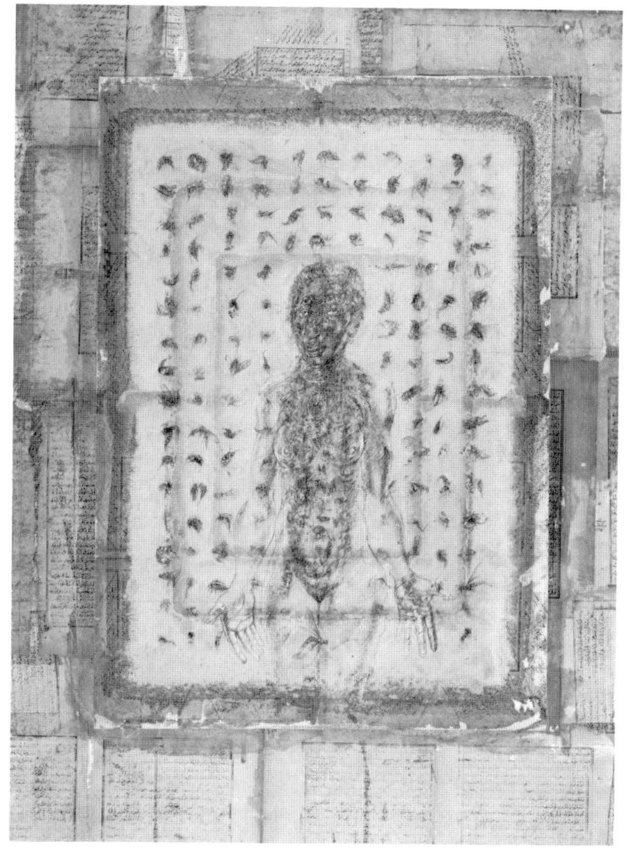

36 Ergin Inan, *Ohne Titel*
1983, Collage Farbstift/Feder, (76x56cm)

35 Şadi Dinççag, Karikatur (Ausschnitt), Türkei, (o.A.),
und Tughra Sultan Abdülhamids I., 1774, Istanbul

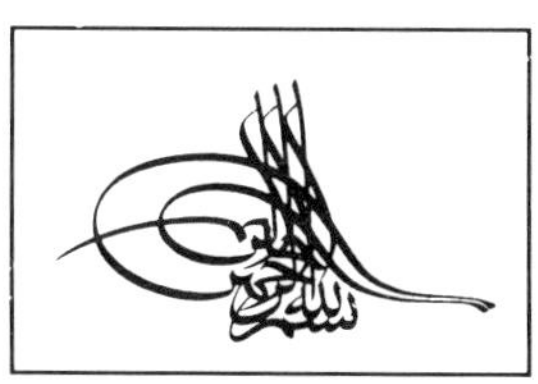

Stileinflüsse aus abendländisch-antikischem Kulturkreis (Italien, Griechenland)

Italiener in Deutschland haben keine Probleme kulturell akzeptiert zu werden: Mediterranes Licht, Urbanität, klassische Kunst dienen vielen leicht als Gefühlsauslöser. Mantovanis *An einem warmen Sommertag* (Taf. XX) entstand im kühlen Berlin: umso wärmer wirken die Rot-, Braun- und Ockertöne, umso steiler steht die Sonne, umso kürzer sind die Schatten und umso wohliger ist die Siestastimmung der leeren Straßen, des auf warmen Ziegeldach liegenden Engels. Der Blick des deutschen Großstadtbewohners geht neidvoll über die Dächer eines alten italienischen Städtchens. Der Betrachter scheint hoch oben — vielleicht auf einer Dachterrasse — zu stehen: der Horizont liegt tief und läßt ein großes Stück Himmel ins Bild herein. Erst beim zweiten Hinsehen erkennt man, daß der Sturz eines Engels dargestellt ist, daß sich Mantovani hier, wie auch in den meisten anderen Bildern, mit seiner religiösen Erziehung in Italien auseinandersetzt. Oberflächenrealismus, Farbwahl und exakte Tiefenperspektive schließen an Maltraditionen der italienischen Renaissance, respektive des Klassizismus an.

Die italienische Kunst der 80er Jahre liebt das Zitat, den nostalischen Umgang mit den großen Werten der Geschichte. So auch Giuseppe Medagli, ein italienischer Maler, der im Ruhrgebiet lebt: »Der Neoklassizismus, der mich inspiriert, bringt mich Italien, seiner Seele, seiner Geschichte näher«.[5] Von Michelangelos Skulpturen gingen gewaltige Impulse aus — in ganz Europa, mehrere Jahrhunderte hindurch. Ihre plastische Wucht, ihre souveräne Bewegungsvielfalt, ihre archetypische Macht prägten Generationen von Bildhauern und Malern. Seine berühmten Figuren der vier Jahreszeiten schmücken die Gräber der Medici in Florenz. Medagli wendet sich *L'Aurora* (Abb. 37) zu, der schönsten der vier Skulpturen. Ihr ebenmäßiger Kopf mit dem leicht schmerzlichen Ausdruck des Erwachens steht im Mittelpunkt des Fragmentes, wird von den Papierreißstellen umrahmt. Die Härte der plastischen Oberfläche wird bei

37 Giuseppe Medagli, *L'Aurora*
1984, Öl/Leinwand/Bleistift/Kordel/Packpapier, (50x70cm)

38 Ch. Fotis, *Hermaphrodit*, 1976, Bronze, (55,5x22x12cm)

Medagli zum Metallischen hin gesteigert. Kostbare, alte italienische Kunst wird hier in den Norden »verfrachtet« und dort zaghaft wieder ausgepackt. Kulturtransfer von Italien über die Alpen hatte schon seit Jahrhunderten stattgefunden: So waren an den nordischen Fürstenhöfen zahlreiche italienische Künstler beschäftigt; oder deutsche Maler, wie z.B. Dürer, zogen in den Süden, um sich in der italienischen Malweise ausbilden zu lassen, die sich durch eine historisch frühe Fähigkeit zur realistischen Wiedergabe der sichtbaren Welt auszeichnete (Perspektive, Anatomie), andererseits durch einen ausgeprägten Hang zum Idealen, zur regelmäßigen Komposition.

Bei mediterranen Künstlern fällt oft ein ungebrochenes Verhältnis zur Schönheit auf, das allgemein als antikisches Erbe interpretiert wird. Der Italiener Mantovani: »... ich versuche, ästhetisch zu malen, der Trend bei den Deutschen ist, immer nur das Häßliche darzustellen; nur was häßlich und brutal ist, ist Kunst.«[6] Der Grieche Fotis in einem Gespräch: »Die Deutschen haben Angst vor Schönheit, vor ihrem Körper, vor Sinnlichkeit.« Sein *Hermaphrodit* (Abb. 38) huldigt offen den Reizen des nackten Körpers, der weichen Rundheit des Fleisches, dem Schimmer der Haut, dem Ebenmaß der Proportionen. Mit *Hermaphrodit* assoziieren wir altgriechische Bisexualität — Fotis selbst will ihn als moderne Variation dieses Themas verstanden wissen: als Annäherung des weiblichen und männlichen Prinzips, die er heute in höherem Maße realisiert sieht als in früheren Zeiten. Wie viele andere ausländische Künstler greift Fotis selbstbewußt auf den kulturellen Fundus seiner Heimat zurück: auf die Gestalten der griechischen Mythologie als Urbilder elementarer Konflikte. Prometheus steht für den Kampf Kreatur — Zivilisation, Hermaphrodit für die Harmonie von Intellekt und Sinnlichkeit.[7]

39 Vlassis Caniaris, *Hélas Hellas*,
Environment, lebensgroß, Detail: *Pissoir*

Kulturelle Wechselbeziehungen zwischen Orient und Okzident am Beispiel Türkei

Kleinasien zählt zu den ältesten Kulturgebieten, die wir kennen. Die bildenden Künste haben hier lange vorislamische Traditionen: So sind aus der Zeit der Hethiter, dem zweiten Jahrtausend vor Christus, dem Assyrischen verwandte Reliefs und Kleinplastiken erhalten; aus späterer Zeit Werke der Urartäer, Phrygier, Lyder, Lykier und Perser. Von der Epoche der griechischen Kolonisation zeugen die berühmten Ruinenstädte an der West- und Südküste, die fast alle aus hellenistischer Zeit stammen (Pergamon) und danach von den Römern überbaut wurden. Griechische und römische Kultur, insbesondere Architektur und Monumentalplastik, lassen sich auf kleinasiatischem Boden in ihrem ganzen Reichtum rekonstruieren.

Im 4. und 5. Jahrhundert entwickelte sich die byzantinische Kultur, die sich aus klassischen, hellenistischen, römischen sowie orientalischen Wurzeln speiste. Byzanz, als neues Rom des Ostens gegründet, sollte in den folgenden Jahrhunderten eine dominierende Rolle im Mittelmeerraum spielen und befruchtete in hohem Maße die westliche Welt. Es brachte große überkuppelte Zentralbauten hervor, die im Inneren mit einer schimmernden Haut aus Mosaiken, Marmor- und Porphyrverkleidungen überzogen sind; das berühmteste Beispiel ist die Hagia Sophia. Nach der barbarischen Plünderung Konstantinopels durch die Kreuzfahrer 1204 kam ein großer Teil byzantinischer Kunstwerke nach Europa, so etwa auch in die Markuskirche nach Venedig, die mit ihren vielen Kuppeln ganz nach byzantinischem Muster gebaut worden war (Abb. 40).

40 Markuskirche, Venedig, 11. Jahrhundert

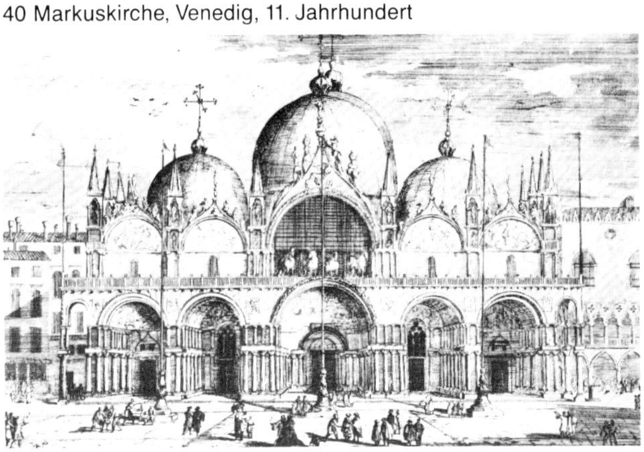

41 Wandfliesen der Moschee von Rüstem Pascha, Istanbul, 1561

Seit dem 8./9. Jahrhundert breitete sich der Islam mit rasanter Geschwindigkeit aus. Charakteristisch für die islamische Kultur war ihre große Assimilationskraft, die die in den eroberten Gebieten vorgefundenen kulturellen Traditionen adaptierte. So wurde zum Beispiel das christliche Kirchengebäude der Hagia Sophia nach der Eroberung Konstantinopels im 15. Jahrhundert nicht zerstört, sondern umgewandelt — in eine Moschee: der christlich-byzantinische Kuppelbau wurde erweitert um Minarette, die islamischen Gebetstürme — und in dieser Form zum prägenden Vorbild für den türkischen Moscheentypus, der jahrhundertelang variiert und weiterentwickelt werden sollte. Der byzantinische Hang zum prächtigen Oberflächendekor lebte ebenfalls weiter — in den islamischen Wandverkleidungen mit ihren prachtvollen Keramikkacheln (Abb. 41). Kontinuität also

auch im Primat des Flächendekorativen gegenüber dem Dreidimensionalen.
Bilderverbote gab es nicht nur im Islam, sondern auch in der jüdischen und christlichen Religion. Man denke an den christlichen Bilderstreit im 8./9. Jahrhundert. Dahinter stand die Ablehnung der »heidnischen« Auffassung, daß die Statue der Gottheit die Gottheit selbst vorstelle. Eine solche Verehrung von Götterbildern als Idol mußte bekämpft werden bei der neuen religiösen Suche nach abstrakteren und monotheistischen Gottesvorstellungen.
Die islamische Bilderarmut wurzelte zudem noch in Traditionen alter Nomadenkulturen, die weder monumentale Steinarchitektur noch damit verbundene Großdarstellungen des menschlichen Körpers kannten. In den islamischen Ländern kam es also zu einem Verzicht auf die Darstellung von Mensch und Tier, der in der religiösen Kunst konsequent eingehalten wurde und infolgedessen zu einer prachtvollen Entwicklung der Ornamentik und Kalligraphie führte. Anders sieht es im profanen Bereich aus: An den Wänden und Decken von Konaks und Sarays gab es durchaus figürliche Darstellungen, besonders reich tradiert sind sie aber in weltlichen Buchmalereien, in den prächtigen Handschriften des persischen und des osmanischen Hofes (siehe Abb. 16).
Für den osmanischen Hof arbeiteten Luxusmanufakturen, die auf allen Gebieten des Kunsthandwerks Produkte von höchster Qualität und erlesener Schönheit hervorbrachten: Keramikfliesen, Intarsien- und Marmorschneidearbeiten, Seidengewebe, Teppiche oder Metallgefäße. Erfahrene Handwerker aus dem ganzen Herrschaftsgebiet, also auch aus Ägypten, dem Iran und dem Balkan, arbeiteten dort. Man importierte chinesisches Porzellan und holte abendländische Portraitmaler an den Hof, da speziell auf diesem Gebiet eigene Traditionen fehlten. So kam Gentile Bellini aus Venedig und schuf 1480 das berühmte Bildnis Sultan Mehmeds II., des Eroberers (Abb. 42). Die osmanische Hofkultur war geprägt von Kosmopolitismus, Eklektizismus und immensem Reichtum und Luxus. Ihre spezifische Ästhetik, bestimmt von exquisiter Ornamentik, kunstvoller Kalligraphie und metallisch wirkenden kleinteiligen Oberflächenstrukturen, übte auch auf das Abendland eine große Faszination aus. Eine zentrale Rolle im Handel zwischen Orient und Okzident spielte lange Zeit hindurch Venedig, dessen Kunst in vieler Hinsicht durch die Verbindung mit Istanbul geprägt wurde. Die islamischen Ländern exportierten vor allem Teppiche (siehe Abb. 32), übermittelten aber auch bestimmte handwerkliche Techniken, wie die sogenannte Lüsterkeramik mit ihren metallisch glänzenden Oberflächen. Diese Methode, Keramiken herzustellen, hatte sich infolge des islamischen Verbotes entwickelt, prunkvolle Edelmetalle für heilige Gefäße zu verwenden.[8]
Mit dem allmählichen Niedergang des osmanischen Reiches ging eine zunehmende Auseinandersetzung mit abendländischer Kultur einher. So gab es etwa im 18. Jahrhundert ein türkisches Rokoko! Ende des 19. Jahrhunderts entstanden in Istanbul die ersten von europäischen Künstlern geleiteten Kunsthochschulen, in denen meist in Paris ausgebildete Maler unterrichteten. Gemalt wurden Landschaften, Portraits und Stilleben, ganz in der Tradition mittel-/westeuropäischer Kunst. Aus Europa importiert wurde nicht nur der Stil, sondern bis-

42 Gentile Bellini, *Mehmet II*, 1480, Öl/Holz, (77x60cm), London National Galery

43 Gustav Klimt, *Paradieseschor und Kuß* aus dem *Beethovenfries*, 1901/02, Wien, Sezession

weilen auch die Mode; manche türkischen Maler betrachteten ihr Land geradezu mit den Augen eines fremden Reisenden, mit quasi »kolonialem« Blick (vgl. Hamdi Bey).
Diese Entwicklung setzte sich im 20. Jahrhundert fort. Atatürk schickte in den 20er Jahren junge Kunststudenten mit Stipendien nach Paris. Die Anerkennung vom Westen wurde für sehr wichtig gehalten. Nach der Ausbildung in den Zentren der europäischen Kunst kamen die Künstler wieder zurück und waren oft als Lehrer an den Akademien tätig. Auch etliche der heute in Deutschland lebenden türkischen Künstler kamen zur Ausbildung nach Europa. So ist es zu erklären, daß alle westlichen Stilrichtungen — meist mit einigen Jahrzehnten Verspätung — in die Türkei (und auch in andere periphere Länder) kamen.
Zu dieser stark eurozentristischen Kulturentwicklung gab es aber auch gewisse gegenläufige Bewegungen[9]: So sind um 1900 Affinitäten zwischen westlicher Kunst und orientalischen oder japanischen Werken zu beobachten. Sie äußern sich in einer ausgeprägten Tendenz zu Schönlinigkeit, Flächigkeit und dekorativer Übermusterung. Hingewiesen sei hier etwa auf Bonnard oder Klimt (Abb. 43). Klimt arbeitete in Wien, der europäischen Metropole mit der stärksten Verwurzelung auch in östlichen Traditionen, infolge der einst weit auf den Balkan und nach Ungarn ausgreifenden Machtverhältnisse. Wien ist auch die Metropole, bis zu der seinerzeit die westlichsten Expansionsgelüste der Osmanen reichten (Belagerung der Stadt durch die Türken im 16. und 17. Jhd.).
1912/13 fanden in Paris und München große Ausstellungen islamischer Kunst statt, gleichzeitig reisten Künstler in Länder des islamischen Kulturkreises, so etwa Macke nach Tunesien und Matisse nach Marokko. Bilder von Matisse wurden von den Flächenstrukturen orientalischer Miniaturen, Teppiche und Textilien beeinflußt. Bemerkenswert ist nun, daß der Stil eines Matisse wiederum in der neueren türkischen Malerei breite Nachfolge fand, so auch bei Bedri Rahmi Eyüboğlu (Abb. 44), der 1928 nach Paris kam und später eine der wichtigsten Lehrerpersönlichkeiten in Istanbul werden sollte (Hanefi Yeter und Akbar Behkalam zählen zu seinen Schülern). Es kommt hier zu einer Übernahme »modernisierter Orientalismen« aus dem Westen. Phänomene wie die ästhetische Verwandtschaft eines Mehmet Güler mit dem Jugendstil sind wohl ähnlich zu erklären (vgl. Abb. 33; Taf. XII).
Anfang der 30er Jahre gingen einige europäische Künstler in die Türkei, da ihnen Atatürk Ausbildungsplätze und Lehrstellen zur Verfügung stellte, so auch der von den Nazis verfolgte deutsche Bildhauer Rudolf Belling. Auf dem Gebiete der Skulptur war die türkische Kunst auf westliche Vorbilder angewiesen, fehlten hier doch islamische Traditionen konsequent, da Statuen radikaler verboten waren als gemalte Abbildungen, wohl weil sie dem verfemten »Götzenbild« noch viel näher kamen. Die Bildnerei hatte also im Islam flächendekorative Aufgaben übernommen: Holz- und Steinschneidearbeiten in Moscheen, Medresen und Palästen.
Gewisse dreidimensionale Qualitäten erhielten nur Grabsteine, die — allerdings auch in abstrakter, symbolischer Form — Auskunft über den Verstorbenen geben (siehe Abb. 2). Erst zu Atatürks Zeiten nahm die Skulpturenproduktion einen enormen Aufschwung: in allen Städten des Landes wurden seine Standbilder aufgestellt. Außerdem wurden geschichtliche Persönlichkeiten in Form von Ganzfiguren oder Büsten dargestellt. Die Bildhauerei diente fast ausschließlich nationalisti-

44 Bedri Rami Eyüboğlu, *Portrait*, 1931 (o. A.)

scher Selbstdarstellung. Mehmet Aksoy berichtet, wie schwierig es noch in den 70er Jahren war, den Leuten zu vermitteln, daß Bildhauer auch etwas anderes produzieren könnten als Atatürk-Statuen. Zudem wird daran, daß Aksoys eigener Entwurf für ein Atatürk-Denkmal abgelehnt wurde, deutlich, daß es bis heute schwer möglich ist, vom klischierten heroisierenden Denkmalstil der 30er Jahre wegzukommen.[10]
Abschließendes Fazit dieser kulturgeschichtlichen Betrachtungen ist die Erkenntnis, daß es seit der Antike intensive Wechselbeziehungen zwischen Osten und Westen gegeben hat, ja daß Jahrhunderte hindurch der Mittelmeerraum eine kulturelle Einheit darstellte. Fazit ist aber auch die Einsicht, daß Kultureinflüsse zu allen Zeiten eng mit politischen und ökonomischen Abhängigkeiten zusammenhängen. Dies führt heute dazu, daß die kulturelle Hegemonie Europas gegenüber den Ländern des islamischen Kulturkreises nicht ernsthaft in Zweifel gezogen wird. Auch im Werk der Künstler, die in der BRD leben, spielt demnach eine bewußt »orientalişierende« Komponente oft nur eine marginale und vorübergehende Rolle — es ist davon auszugehen, daß sie bei Künstlern der zweiten Generation fast ganz verschwunden sein wird.

Anmerkungen zur Kunstgeschichte Chiles

Cecilia Boisier verfaßte in Berlin einen instruktiven Überblick über die kulturelle Geschichte ihres Landes.[11] Die Malerin übernimmt im Exil auch die Aufgabe einer verbalen Vermittlung zwischen den Kulturen:
Chile war über weite Strecken seiner Geschichte von Europa bestimmt. Zwischen dem 16. und 19. Jahrhundert stand es unter spanischem Einfluß. Dabei hatte Kunst auch missionarische Funktionen — es entstanden große Heiligenbilder in der Manier eines Zurbaran, des berühmten spanischen Barockmalers. Auch italienische und niederländische Stileinflüsse gelangten teils direkt, teils über den Umweg Spanien nach Chile. Ein gewisses, durch Mestizen geprägtes Lokalkolorit läßt sich aber beobachten: dazu gehören flache, frontale Kompositionen, leuchtende Farben, Detailverliebtheit, bisweilen gewisse naive Züge. José Gil de Castro, genannt Gil der Mulatte, ist der erste bekannte Maler Chiles; er schuf die Portraits der Unabhängigkeitskämpfer zu Beginn des 19. Jahrhunderts und verkörperte in seiner Malerei den Übergang vom kolonialen zum republikanischen Chile. In der folgenden Zeit wurde die religiöse Bilderwelt zurückgedrängt durch neue, von der Aufklärung abgeleitete Ideale, bis zum Beginn des 20. Jahrhunderts dominierten französische Einflüsse: aus Paris wurden Rokoko, Klassizismus, Romantik, Realismus, Impressionismus etc. übernommen. Europäische Maler kamen nach Chile, angelockt von der Exotik des fernen Amerika, und malten Land und Leute mit romantischen Exotismen. »Völker und ihre Sitten« wurden mit kolonialer

45 Werkstatt *Violetta Parra* , Arpillera, Rostock, (o. J.)

Überheblichkeit dem europäischen Publikum vorgestellt. 1849 kam es zur Gründung der Akademie für Malerei mit Lehrern aus Europa. Fast alle jungen Künstler meinten, ihre Studien in Europa fortsetzen zu müssen, meist in Paris, das damals international als das Mekka der Künste galt. Sie erhielten Stipendien und brachten bei ihrer Rückkehr alle gängigen Kunststile, wie Expressionismus, Kubismus, Abstraktion und Surrealismus nach Chile.

Punktuell wurde der Versuch unternommen, sich dem dominierenden fremden Einfluß zu entziehen: So sucht die »Generation von 1913« in Abkehr von der französischen Elitekunst nach einer chilenischen kulturellen Identität und nach neuen Sujets, die aus dem Alltag der Bevölkerung stammen. Die »Generation von 1940« orientiert sich vorzugsweise an Matisse und den Fauves, hält sich aber auch zu Studienzwecken in Brasilien auf, um sich stärker dem »Amerikanischen« mit seiner Vorliebe für Farbe, Sinnlichkeit und Dekoratives zuzuwenden.

Violetta Parra (1917 - 1967) zählte wohl zu den bedeutendsten Künstlerpersönlichkeiten ihrer Zeit; sie wurde als Musikerin und Dichterin berühmt, aber auch mit ihren Gemälden und Teppichen, die später in den »Arpilleras« (Abb. 45) der einfachen Chileninnen ihre Fortsetzung finden sollten. Arpilleras sind kleine, in Form von Applikationen hergestellte Bildteppiche, die die Frauen in den Elendsvierteln der Städte kollektiv produzierten. Entstanden für die Solidaritätsarbeit, werden diese auch in den Exilländern verkauft.

Abstrakte Kunst entstand in Chile erstmals um 1950, »Informel« in den 60er Jahren, um 1970 setzten sich Pop-art Einflüsse aus den USA durch und eine Rückkehr zur Figuration.

Der gesellschaftliche und politische Wandel, der schließlich 1970 zur Regierung der Unidad Popular unter Allende führte, brachte ein wachsendes politisches Engagement vieler Künstler mit sich: Malbrigaden, in denen auch der berühmte Robert Matta mitarbeitete, schufen große Wandgemälde, die an lateinamerikanischer Malerei in Mexiko und Brasilien orientiert waren, deren aktuelle Inhalte aber aus der chilenischen Politik stammten. Künstler versuchten von der Elitekunst wegzukommen und wandten sich offenen Ausstellungen, Plakaten, Grafittis, Werkstätten für das Volk, sowie populären Buch- und Graphikeditionen zu. Gleichzeitig suchten sie nach kollektiven Arbeitsformen.

Nach dem Militärputsch von 1973 wurden viele politisch engagierte Künstler Opfer von Verfolgung und mußten ins Exil gehen. Sie zerstreuten sich über die ganze Welt, einige kamen auch in die BRD. In den 14 Jahren des Exils gab es viele Ausstellungen chilenischer Künstler, die in Europa, USA oder Lateinamerika leben. Auch Cecilia Boisier organisierte in Berlin Ausstellungen internationaler Exil-Künstler und -Künstlerinnen. Einige von ihnen führten im Exil noch eine Zeitlang die Tradition der

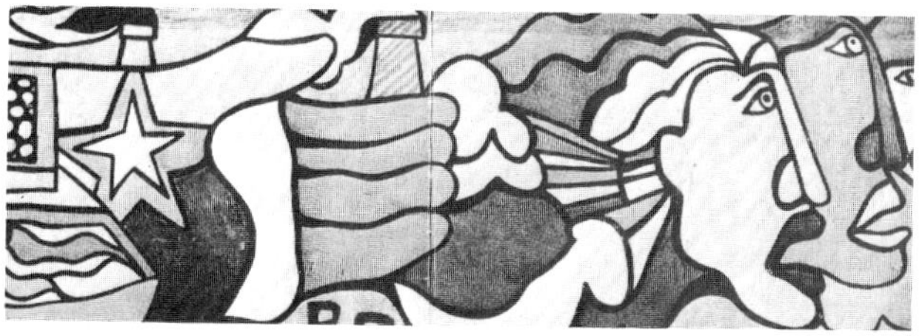

46 Malerbrigade *Ramona Parra*, Karton für ein Wandbild, 1972

kollektiven Brigademalerei fort — so etwa die »Brigada Luis Corvalan«, die an die Arbeit der berühmten »Brigada Ramona Parra« in Chile (Abb. 46) anknüpfte (Wandmalereien an der Universität Bremen), oder »El Frente« (die in Berlin, aber auch in Holland arbeitete), oder die »Brigada Salvador Allende« in Frankfurt und die »Brigada Pablo Neruda« in Paris (vgl. den Beitrag zur Documenta 1977).[12]

Stil und Inhalt dieser Wandgemälde sind einheitlich: kräftig konturierte, flächig vereinfachte Symbole, oft in den chilenischen Nationalfarben Blau, Weiß, Rot. Sie stehen ganz in der Tradition lateinamerikanischer öffentlicher Kunst (vgl. auch Plakate und Wandbilder aus Kuba) und haben weltweit ein einziges Thema: die Anklage des Pinochet-Regimes. Es handelt sich dabei um Beispiele von Exilkunst im engeren Sinne, mit der versucht wurde, aus dem Ausland die Unrechtsverhältnisse in der Heimat zu beeinflussen, immer in der Hoffnung auf baldigen politischen Wechsel. Diese Kollektive existieren inzwischen alle nicht mehr, was auch mit der Auflösung vieler politischer Exilgruppen zusammenhängt. Gründe für den oft mit heftigen Kämpfen und Spaltungen verbundenen Zerfallsprozeß sind vor allem mangelnde Kontakte zur Heimat, zu den Oppositionsparteien, die unter der Verfolgung der Militärdiktatur weitgehend aufgelöst wurden oder sich neu konstituiert und gruppiert haben. Der Zerfall der Kollektive führte für viele chilenische Künstler zur Vereinzelung, selten zum Anschluß an deutsche politische Bewegungen. Einige von ihnen sind inzwischen wieder nach Chile zurückgekehrt.

Philhellenismus — Eine Variante des Kolonialismus

Unser Verständnis griechischer Kultur ist noch immer weitgehend vom Philhellenismus des späten 18. und 19. Jahrhunderts geprägt. Es geht dabei um eine romantische Auseinandersetzung mit nur einer einzigen Phase der griechischen Geschichte — der klassischen Epoche der alten Griechen, der Hellenen des 5. und 6. vorchristlichen Jahrhunderts. Nahezu völlig ignoriert wird die römische Geschichte des Landes, die tausendjährige byzantinische, die vierhundertjährige türkische. Geistesgeschichtlich hängt der Philhellenismus mit der Romantik zusammen, politisch mit den Befreiungskämpfen der Griechen von den Türken und deren Widerhall in Europa: Ausländische Hilfstruppen unterstützten damals die Griechen in ihrem Kampf um Unabhängigkeit, versuchten dabei aber Vorstellungen umzusetzen, die an englischen, französischen oder bayerischen Höfen gelehrt wurden. Dies führte letztendlich zur Errichtung des Königreiches Griechenland unter der Herrschaft der Bayern, unter Prinz Otto, dem Sohn eines berühmten Philhellenen.[13]

Philhellenismus ist paradoxerweise also auch eine spezifische Variante von Kolonisierung. In den Jahrhunderten türkischer Herrschaft war Griechenland aus dem Blickfeld der westlichen Welt geraten. Nach der Befreiung von 1828 avancierte Athen von einer türkischen Kleinstadt zur Hauptstadt eines kleinen Königreiches, dessen Aufbau westlichen Vorbildern folgte. Maßgeblicher Gestalter des neuen Athen war ein Deutscher, der Architekt Leo von Klenze, der eine Reihe von klassizistischen Bauten errichtete, die versuchten, den Stil der griechischen Antike wiederzubeleben (Abb. 47).

So kam es, daß die Kunst des eben von der türkischen Herrschaft befreiten Griechenlands weder durch Volkskunsttraditionen, noch etwa durch die byzantinische Kultur geprägt wurde. Vielmehr vermittelten ausländische Professoren in der »Schule der Künste« Athens einen rückständigen klassizistischen Akademismus. Zugleich begannen die ersten griechischen Kunststipendiaten ihre Studien in München, was zu einem starken Einfluß Bayerns auf die griechische Kunst des 19. Jahr-

47 Athen: Nationalbibliothek (Theophil Hansen, ab 1887)

hunderts führte. »Es ist ein merkwürdiges Faktum, daß zur gleichen Zeit, in der westlich gekleidete griechische Bauernsöhne ihre Vorbilder im Ausland suchen, gebildete ausländische Philhellenen nach Griechenland ziehen und dort, fasziniert von einer Vision der antiken hellenischen Kultur, die Grundlagen für eine neue Kunst-Tradition mit neoklassizistischen Elementen schaffen.«[14]
Zu Beginn des 20. Jahrhunderts gilt Paris als Zentrum der europäischen Kultur. Von dort zurückgekehrt, lehrt ein Künstler wie Parthenis seine Schüler mit einer Verspätung von einem halben Jahrhundert Kunstauffassungen des französischen Impressionismus, macht sie aber auch mit der Kunst von Picasso, Braque und Matisse bekannt. Bousanias' Werk z.B. ist eher dem Expressionismus zuzurechnen; er lebte meist in München (Einflüsse von der »Brücke« und dem »Blauen Reiter«) und hatte nach seiner Rückkehr nach Griechenland große Schwierigkeiten, sich umzustellen — ein Phänomen, das viele Künstler der »Diaspora« beschreiben.
Die 30er Jahre sind geprägt durch die »Katastrophe von Kleinasien« von 1922, durch den verlorenen Krieg gegen die Türkei. Die kühne Vision eines Griechenland in den Grenzen des Reichs Alexanders des Großen wird teuer bezahlt, mit Tausenden von Toten und gewaltigen Flüchtlingsströmen. Es kommt zu sozialen Unruhen und politischer Polarisierung. In diesem Klima nationaler Erniedrigung entsteht das Bedürfnis, die griechische Identität wiederzufinden: Traditionen einheimischer Volkskunst werden nun untersucht, z.B. wird das alte Schattenspieltheater Karagiosis als Medium sozialer Aufklärung wiederbelebt. Nicht zu bestreiten ist zu dieser Zeit aber auch die Gefahr einer klischierten »Volkstümlichkeit«, die tendenziell einer Entwicklung zur Moderne entgegensteht. Später erfolgt mit einiger Verzögerung auch eine Auseinandersetzung mit Fauvismus, Surrealismus und Kubismus sowie der Abstraktion.
Die unruhige Zeit nach dem Zweiten Weltkrieg und nach dem Bürgerkrieg von 1945–49 verhinderte wiederum eine kontinuierliche Entwicklung in Verbundenheit mit der westeuropäischen Kunst. Von nun an findet der Fortschritt der Kunst im Untergrund statt, es kommt zum Exodus vieler Griechen ins Ausland.
In den 60er Jahren vollzieht sich eine formale Erneuerung der neugriechischen Kunst im Zeichen einer verspäteten Abstraktion. Die chauvinistische Auffassung von »Griechentum« wird abgelehnt. Abstraktion, die ja auch eine Infragestellung etablierter kultureller Ausdrucksformen beinhaltet, wird jetzt zum befreienden Ventil für die Künstler der Nachkriegszeit. Ausstellungen von Künstlern der »Diaspora von 1945« sowie von Stipendiaten der griechischen Regierung haben zuvor zu ihrer Vermittlung beigetragen. Wie in vielen vergleichbaren Ländern birgt jedoch auch in Griechenland die Orientierung an den großen Metropolen Paris und später New York die Gefahr einer mehr oder weniger originellen Anpassung an die wechselnden Form- und Stilmittel. Viele Künstler lassen sich für Jahre oder für immer im Ausland nieder, es kommt also zu einer weiteren Abwanderung kreativer Talente. Die Anzahl der griechischen Künstler, die die internationale Kunstszene prägen, nimmt seit den 60er Jahren zu: Chryssa und Samaras in Amerika, Kounelis in Italien, die Bildhauer Takis, Kessanlis, Pavlos, Caniaris, Tsoklis . . . Einige kehrten später zurück und belebten das kulturelle Klima Griechenlands. Durch die Diktatur von 1967 wurde die Entwicklung nochmals unterbrochen. In den ersten Jahren der Militärregierung gab es keine künstlerischen Aktivitäten. 1969 kehrte Caniaris zurück und gab das Zeichen zum aktiven engagierten Protest gegen die Junta: die aufsehenerregende Ausstellung von 1969 hatte den Charakter einer politischen Aktion — das Hauptaugenmerk der

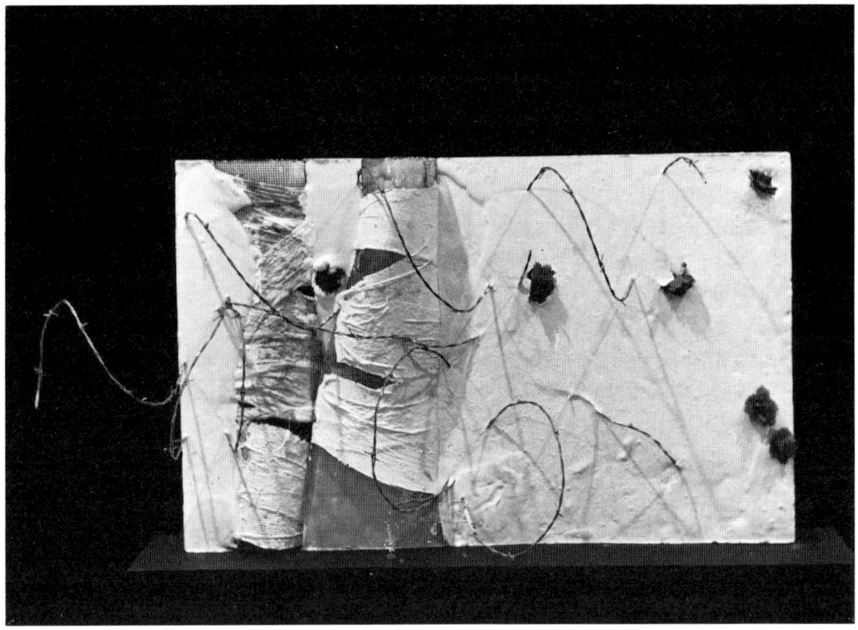

48 Vlassis Caniaris, *Auferlegtes Schweigen* 1969, Gips/Stacheldraht/Nelken, (120x60x30cm)

Betrachter galt der Entschlüsselung der Inhalte und der politischen Bezüge (Abb. 48).
Seit 1974, dem Ende der Militärdiktatur, gibt es bessere ideologische Bedingungen für die Kunst, aber es fehlt noch an Organisation und Kontinuität. Strukturelle Mängel lassen sich nicht so rasch beheben: es fehlt an Hochschulen für bildende Kunst, an Kunsterziehung in den Schulen, an Richtlinien für die Kulturpolitik, an einem Museum für moderne Kunst. Die zeitgenössische griechische Kunst wird hauptsächlich von privaten Kunstgalerien gefördert, die fast ganz auf Athen beschränkt sind. Hier wird das gesamte Spektrum internationaler Kunst angeboten, aber der Kunstmarkt ist relativ eingeschränkt. Ausstellungen von Künstlern der Diaspora sind immer noch von entscheidender Bedeutung für die Weiterentwicklung.

Die exemplarische Betrachtung der Kulturtraditionen der drei Länder Türkei, Griechenland und Chile ergibt trotz aller Verschiedenheiten auch entscheidende Parallelen: Die kulturelle Dominanz Europas, später auch der USA, in den Ländern der Peripherie ist eine absolute: nationale und Volkskunsttraditionen treten weitgehend zurück und verkümmern. Es kommt zu paradoxen Phänomenen des Reimports eigener Kulturtraditionen in »europäischem« Gewand — wie am Beispiel der philhellenistischen »Okkupation« Griechenlands oder der Übernahme westlich modernisierter »Orientalismen« von der Türkei ersichtlich wurde. Zu beobachten ist weiterhin, daß Ansätze nationaler Befreiung sowie antikolonialistischer und antiimperialistischer Bewegungen immer mit betonter und programmatischer Rückbesinnung auf eigene kulturelle Wurzeln einhergehen, die in neuerer Zeit bisweilen mit quasi ethnologischen Forschungsmethoden im eigenen Lande verbunden sind. Alle diese Tendenzen bergen aber auch die Gefahr volkstümelnder Klischiertheit und einer Abkoppelung von der Moderne in sich. Ein international weitgehend akzeptiertes Kulturgefälle bringt es mit sich, daß auch heute noch viele Künstler ihre Heimatländer verlassen und in die Kulturmetropolen drängen — in diesem Zusammenhang ist auch die Anwesenheit einer ganzen Reihe ausländischer Künstler in der BRD heute zu sehen.

Anmerkungen

(1) siehe Hetmann, 1984, S. 187/9

(2) aus einem Interview der Autorin mit Ismail Çoban von 1986

(3) siehe Bärbel Jäschke: »Der Feuervogel« in: Ehrari, 1982, S. 29

(4) Balkenhol, 1981

(5) aus einem Brief Medaglis von 1985

(6) siehe Katalog »Kunstquartier — Ausländische Künstler in Berlin«, 1982, S. 256

(7) siehe Katalog »Fotis«, 1982

(8) Literatur zum Thema z.B.:
Ipsiroğlu, 1971
Katalog »Türkische Kunst und Kultur aus osmanischer Zeit«, 1985
Katalog »Die Türken vor Wien«, 1983
Schmitt, 1985
Rice, 1975
Ataöv, 1979

(9) siehe Katalog »Weltkulturen und Moderne Kunst«, 1972

(10) siehe Katalog »Mehmet Aksoy«, 1982, S. 22 ff

(11) Boisier, 1983
Weitere Literatur zum Thema:
Romero, 1960
Carvacho, 1978
Vila, 1973
Katalog »Chilenische Kunst heute«, 1981

(12) siehe Schaffernicht, 1981. Darin: »Annegret Jürgens-Kirchhoff im Gespräch mit Cecilia Boisier«;
»El Frente. Ein Gespräch«, in: »Linkskurve«, 1981

(13) Eidener, 1985, S. 40-63

(14) siehe Kotzmani, 1982, S. 74

3. Künstlerbiographien

Für die hier vorliegenden Betrachtungen wurden Künstler ausgewählt, die meist seit längerer Zeit in der Bundesrepublik leben und sich mit wenigen Ausnahmen hier auch für die weitere Zukunft eingerichtet haben. Die meisten von ihnen sind in den vierziger Jahren geboren und haben ihre Heimat im Alter von 20-30 Jahren, also als Erwachsene verlassen, nachdem sie zu Hause bereits eine künstlerische Ausbildung absolviert hatten. Es sind sozusagen Künstler-Emigranten der ersten Generation, die ihre Identität im Herkunftsland aufgebaut haben und dann als Erwachsene einen Kulturwechsel mit all seinen Anregungen und Belastungen erlebten.

Zur Debatte steht an dieser Stelle vor allem ihre Biographie als Emigranten; gefragt wird also nach den Bedingungen, unter denen die Heimat verlassen wurde, danach, wie das »Einwandern« in die BRD aussah und wie sich das Verhältnis zum Herkunftsland entwickelt hat. Außerdem interessiert hier die Frage, ob und wie sich diese Lebensläufe im Charakter der Kunst niederschlagen, in welcher Weise sie inhaltliche und stilistische Veränderungsprozesse hervorrufen. Dabei wird evident, daß die konkreten Biographien als Emigranten und als Künstler in ein kompliziertes Bedingungsgefüge eingebettet sind, bei dem folgende Komponenten zu beachten sind:

1. *Die kulturelle Ausgangssituation im Herkunftsland*
Zu berücksichtigen sind die spezifische Entwicklung eines Landes oder Kulturkreises, seine besondere Variante von »Europahörigkeit« sowie seine lokale Binnendifferenzierung in städtische oder ländliche, religiöse und ethnische Sonderformen.

2. *Veränderungen der politischen und ökonomischen Verhältnisse in der Heimat*
Die politische Entwicklung kann durch einschneidende Ereignisse geprägt sein, etwa durch einen Militärputsch in Chile 1973, in Griechenland 1967, oder durch »revolutionäre« Umwälzungen, wie im Iran 1979, sowie durch Krieg oder Bürgerkrieg (Nahost, Eritrea, . . .). Wichtig sind auch Daten der Rückkehr zu demokratischen Verhältnissen, wie in Griechenland 1974 oder in Spanien 1975. Solche Daten können entscheidend für Auswanderung, Flucht, aber auch Rückkehr sein.

3. *Politische und kulturelle Veränderungen in der BRD*
Sie sind prägend auch für ausländische Künstler. So ist etwa mit der »Tendenzwende« ein genereller Entpolitisierungsprozeß des Kunstbetriebes einhergegangen sowie eine Entwicklung zur Postmoderne. Es lassen sich auch Einflüsse besonderer lokaler Traditionen ausmachen; so etwa war Berlin langjährige Hochburg eines kritischen Realismus, was nicht ohne Einfluß auf die vielen ausländischen Künstler dort blieb.

4. *Wandel der Migrationsbeziehungen zwischen Aufnahme- und Herkunftsländern*
Im Gefolge dieser Veränderungen kann es zu entscheidenden Einflüssen auf die Lebenssituation der Ausländer kommen. Einige Eckdaten der Geschichte der Einwanderung nach Deutschland mögen dies in Erinnerung bringen: 50er, 60er Jahre — Anwerbeverträge, 1973 — Anwerbestopp, 1984 — »Rückkehrhilfegesetz«, 1986 — Grundgesetzdebatte um die Abschaffung des Asylrechtes! Mit diesen Entwicklungen korrelieren auch Schwankungen in der Haltung der westdeutschen Bevölkerung. So kam es seit Ende der siebziger Jahre

zu einem massiven Anwachsen von Fremdenfeindlichkeit insbesondere gegen Türken. Inzwischen ist diese Bevölkerungsgruppe etwas aus der Schußlinie geraten, besonders seit 1986 der ganze Volkszorn auf die Asylbewerber gelenkt wurde. Solche Erfahrungen schlagen sich auch in der Kunst nieder (siehe auch Kapitel 1, Blick aufs neue Land).

Ausländische Künstler leben aus sehr verschiedenen Gründen in der BRD. Es macht einen Unterschied aus, ob sie hier im politischen Exil leben (einige Chilenen und Iraner), ob sie als Arbeitsemigranten in die BRD kamen (Mantovani, Piccolo, Trumbetaš), ob sie mit Kunststipendien ihrer Länder kamen (Köker, Yeter, Aksoy) oder im Rahmen von Austauschprogrammen des DAAD, wie z.B. Inan, Talayman, Psychopedis, Caniaris.
Die Gründe des Aufenthaltes können sich im Laufe der Zeit auch verschieben: Künstler sind z.B. als Studenten gekommen, befinden sich aber später eigentlich in einer Exilsituation, da veränderte politische Verhältnisse in der Heimat ungefährdete oder zum mindesten unzensierte Kunstausübung dort unmöglich machen. Kostproben davon bekamen einige Künstler zu spüren, als sie nach ihrem Studium in Europa versuchten, als Lehrende an die Akademien ihrer Heimatländer zurückzukehren. Behkalam, Ehrari, Aksoy und Yeter reisten aus solchen Gründen bald wieder in die BRD zurück.
Ein zentrales Motiv für den Aufenthalt in Deutschland sind zweifellos ökonomische Erwartungen: viele Künstler schätzen die gegenüber einem eingeschränkten Kunstmarkt in ihren Heimatländern viel günstigeren Bedingungen für Kulturschaffende in einem reichen Land wie der BRD. Es gibt aber auch Künstler, die freiwillig, ohne zwingende politische und ökonomische Gründe, in der BRD leben, zwischen der Heimat und Westdeutschland hin- und herpendeln und die Distanz zu beiden Ländern in kosmopolitischer Weitläufigkeit schätzen (Psychopedis, Inan, Güler). Viele Künstler haben nach längerer Verweildauer ihren Aufenthaltsstatus abgesichert, haben die deutsche Staatsbürgerschaft angenommen, Deutsche geheiratet und sind inzwischen im hiesigen Kulturbetrieb gut integriert.[1]
Für die persönliche und künstlerische Entwicklung macht es natürlich keinen geringen Unterschied aus, ob jemand aus einem abgelegenen Dorf stammt und sich mühsam Studium und Lebensunterhalt selbst verdienen mußte oder ob er aus wohlhabenden Großstadtverhältnissen kommt, mit entsprechend leichterem Zugang auch zu einem Kunststudium. Mit einer Herkunft aus weniger privilegierten Verhältnissen wird verschieden umgegangen: persönliche Erfahrungen können offensiv zur politischen Anklage gewendet werden, sie können auch verschwiegen und verdrängt werden oder aber zu einer lebenslangen psychologisierenden Auseinandersetzung mit einer traumatischen Kindheit führen, die bewußt in der Fremde stattfindet (im Falle Mantovanis, der vor seiner unglücklichen Vergangenheit in Ferrara geflohen war).
Eine weitere Rolle spielt die Erfahrung, daß die verschiedenen Herkunftskulturen unterschiedlich akzeptiert, bewertet und bekannt sind: Italiener und Griechen haben in Deutschland wenig Probleme, sie können selbstverständlich und selbstbewußt ihre »Heimatkultur« zitieren. Schwieriger und auf mehr Vermittlungsschritte angewiesen ist die Situation der Künstler aus außereuropäischen Ländern. Klischeevorstellungen wie »Nur die europäische Kultur zählt, alles andere ist unterentwickelt«, oder »Islamische Länder haben keine Maltraditionen« müssen beim deutschen Publikum vorausgesetzt werden, ja, sie sind bisweilen bereits von den ausländischen Künstlern selbst verinnerlicht worden. Aus dieser Situation resultieren unterschiedliche Verhaltensweisen: entweder Anpassung an die herrschenden Strömungen in der BRD oder aber bewußte Versuche, eigene Traditionen auf die Bewährungsprobe zu stellen, auf die Gefahr hin, von gewissen Kreisen als altmodisch abqualifiziert zu werden.
Neben etlichen verallgemeinerbaren Bedingungen gibt es natürlich auch noch entscheidende individuelle und zufällige Komponenten, die Biographien und Œuvre beeinflussen, die hier nur ansatzweise behandelt werden können. Dazu zählen Begegnungen mit prägenden Persönlichkeiten, wie Lehrern, Freunden, Künstlern oder herausragende Erfolgserlebnisse, die als beträchtliches Stimulans dienen können. Entscheidend sind aber auch unterschiedliche Persönlichkeitsstrukturen

und Temperamente, die etwa zu Zurückhaltung und freigewählter Vereinzelung oder aber zum Anschluß an Künstlerkollektive führen können. Gerade hier sind sowohl kulturspezifische und politische Haltungen von Einfluß als auch individuelle Prägungen infolge herausragender biographischer Erlebnisse.

Mehmet Aksoy

1939 wurde Aksoy als erstes von neun Kindern in Yayladaği Hatay geboren, einem 3000-Seelen-Dorf im Süden der Türkei, nahe der syrischen Grenze. Sein Vater arbeitete im Straßenbau, als Gefängniswärter, zuletzt als Zollbeamter. Mehmets künstlerische Neigungen wurden schon von der Grundschullehrerin erkannt, die auch den Vater überzeugte, seinen Sohn ausbilden zu lassen. Mit 13 Jahren mußte er aufs Gymnasium in die Fremde, wo er sich Geld als Portraitzeichner seiner Mitschüler verdiente.
1961 bis 1967 studierte er Bildhauerei in Istanbul, an der Akademie der Schönen Künste bei Prof. S. Çalik. Seinen Lebensunterhalt verdiente er sich mit Gelegenheitsarbeiten.
1969 beendete Aksoy seinen Militärdienst und arbeitete als Assistent an der Akademie.
1970 bis 1972 erhielt er ein Stipendium des türkischen Kultusministeriums für einen Aufenthalt in London. »Dort hatte ich meine erste Begegnung mit den Krankheiten der formalistischen Kunst — ein großer Kulturschock für mich. Ich wußte nicht, was ich tun sollte und dachte daran, die Bildhauerei aufzugeben. Was ich von England mitgenommen habe, sind die Museen ... In diesen Museen habe ich erst begriffen, was ägyptische, altmesopotamische, indische, afrikanische Kunst und Bildhauerei ist.«
1972 bis 1977 folgte ein Stipendium des türkischen Kultusministeriums für Berlin. »Die Vitalität und die Vielfalt des politischen und kulturellen Lebens in West-Berlin halfen mir, die Verbindung zwischen Leben und Kunst herzustellen und mir den sozialistischen Realismus zu eigen zu machen. Mein Werk *Halt! So wie es ist, bleibt es nicht* aus dieser Periode trägt noch die Spuren des Prozesses, in dem ich mit mir selbst kämpfte und mich von den Resten des Formalismus trennte.«[2]
1972 wurde Aksoy zum Mitbegründer und Vorsitzenden des Türkischen Akademischen Künstlervereines in Berlin.
1978 bis 1981 war Aksoy Lehrbeauftragter an der staatlichen Akademie der Schönen Künste in Istanbul für das Fach Steinbildhauerei. Seine Werke wurden in dieser Zeit sowohl von der konservativen Regierung Demirel als auch, seit 1980, von der Militärjunta zensiert, ja, bisweilen zerstört. Er selbst entging nur knapp der Verhaftung. So zog er es vor, wieder nach Berlin zu gehen.
Seit 1981 lebt Aksoy als freischaffender Künstler in Berlin. Im selben Jahr wurde er Vorstandsmitglied des BBK in Berlin. Er betont, daß er unter demokratischeren politischen Verhältnissen gerne wieder in der Türkei arbeiten würde, und zwar als Lehrer, denn »Bildhauerei muß in der Türkei noch gelernt werden«.

Aksoys Kunst ist von programmatisch realistischer Qualität. Seine pathetischen Skulpturen thematisieren in erster Linie Repression — politische und gesellschaftliche, in der Türkei, in Deutschland, in Afrika. Seine wichtigsten Werke tragen Titel wie: *»Arbeitsloser«* (Abb. 30), *»Denkmal für die Erschossenen des 1. Mai in Istanbul«* (Abb. 1), *»Atatürk-Denkmal«*, *»Folter«*, *»Mein schwarzer Bruder — Nelson Mandela gewidmet«*. Bei Aksoy und auch bei anderen türkischen Künstlern ist ein gewisser Hang zum Allegorischen zu beobachten. Weibliche Figuren, durch Attribute als Allegorien gekennzeichnet, stellen *Die Türkei* oder *Die Integration* dar. Neben politischer Kunst produziert Aksoy auch private, intime Werke, so eine Serie von eng verschlungenen Liebespaaren und einige Frauenköpfe von elegischer und träumerischer Schönheit. Typisch für Aksoy ist ein Wechsel in der Oberflächenbehandlung oft innerhalb eines einzigen Werkes: plastische Modellierung findet sich neben Furchen und Schnitten, die an Holz- oder Steinschneidearbeiten denken lassen. Detailrealismus, der jeder Ader nachspürt, steht neben summarischer, abstrahierender Oberflächenbehandlung.
Jüngsten Datums sind eine Reihe von Werken Aksoys zur 750-Jahrfeier in Berlin, die in der Ausstellung »Überall Bahnhof« (Malerei und Skulptur türkischer Künstler in

Berlin) gezeigt werden. Hier lassen sich bemerkenswerte stilistische und inhaltliche Veränderungen beobachten: Themen wie *»Trennung«, »Familie«, »Zweite Generation«, »Kemals Traum«, »Mensch und Stadt«* (Abb. 24) zeigen, daß sich Aksoy heute in stärkerem Maße mit dem psychischen Niederschlag gesellschaftlicher Konstellationen befaßt. Zu beobachten ist zudem eine Abkehr vom Realismus hin zu einer größeren Variationsbreite in der statuarischen Komposition und Oberflächenbehandlung. Diese Serie großformatiger Marmorskulpturen machen Aksoys besondere Qualitäten als Steinbildhauer deutlich.

Aksoy ist ein internationalistisch denkender, zutiefst humanistisch argumentierender Künstler. Er hält daran fest, daß Kunst eine elementare Funktion der Mitteilung, des bekundeten Engagements hat — relativ unabhängig von den sich ändernden Modetrends der Kunstlandschaft.

Abbildungen: *Arbeitsloser* (1977), (Abb. 30); *1. Mai 1977, Istanbul* (1980), (Abb. 1); *Der Mensch und die Stadt* (1987), (Abb. 24)

Ausstellungen*: 1970, Darüşafaka-Galerie, Istanbul / 1975, Kunstamt Kreuzberg, Berlin / 1976, Film- und Kunstfestival Antalya / 1977, Kunstamt Kreuzberg, Berlin / 1980, Staatliche Akademie der Künste, Istanbul / 1981, Türkenzentrum, Berlin / 1982, Städtische Galerie Schloß Oberhausen und Kunstamt Kreuzberg, Berlin / 1983, Museum des 20. Jahrhunderts, Wien und Galerie Edition, Wien / 1984, Kunsthalle Berlin und Übersee-Museum, Bremen / 1985, Bonn, Brüssel, Berlin / 1983-86, Bildhauersymposium Kranoldplatz, Berlin; »Menschenlandschaft«, Berlin und Bildhauersymposium am Schlesischen Tor, Berlin / 1986, Schloß Charlottenburg, Berlin; Museum Bochum; Paulskirche Frankfurt; Stadtgalerie Saarbrücken und Kultur unterm Turm, Stuttgart / 1987, Akademie der Künste, Berlin.

Akbar Behkalam

1944 wurde Behkalam in Täbris geboren, der Hauptstadt der Aserbeidschaner, einer ethnischen Minderheit im Iran; diese hat eine eigene Kultur und Sprache, die dem Türkischen verwandt ist. Unter dem Schah-Regime war sie streng verboten — die Kinder mußten in der Schule persisch reden und schreiben. »Ich begann zu malen und machte mein Abitur auf einer Kunstschule. Es fiel mir sehr viel leichter, mich in Farben und Strichen auszudrücken, als in einer fremden Sprache.«[3] Während seines Militärdienstes mußte Behkalam auch als Lehrer in einem Dorf arbeiten. Dort erlebte er grenzenlose Armut und Rückständigkeit. »Hier war mir klar geworden, daß alles, was ich vorher über den angeblichen Fortschritt in unserem Land gehört hatte, leere Propaganda gewesen war. Zugleich lösten diese Erfahrungen und die politische Atmosphäre in meinem Land bei mir Angst vorm Ersticken aus. Ich wollte fort, und ich wollte malen lernen.« Nach kurzem enttäuschendem Aufenthalt in Mainz fuhr er zurück und blieb in Istanbul hängen.

1967 bis 1972 studierte Behkalam an der Akademie der Schönen Künste in Istanbul bei Prof. Bedri Rahmi Eyüboğlu, einem der bekanntesten türkischen Maler der Gegenwart. »Er lehrte mich malen, leben und mich selbst finden. Das andere Wichtige in dieser Zeit waren die Gedichte des großen türkischen Dichters Nazim Hikmet. Die Türkei wurde eine zweite Heimat für mich. Ich fand wichtige Freunde, z.B. Hanefi Yeter.«

1972 bis 1974 folgten Aufenthalte in Paris, Frankfurt, Berlin, teils um Geld zu verdienen, teils um europäische Kunst kennen zu lernen. In Berlin lernte er auch seine spätere Frau kennen.

1974 kehrte Behkalam nach Teheran zurück. »In Teheran an der Kunstakademie bekam ich eine Stelle als Dozent, konnte es aber hier nicht lange aushalten; es war die Zeit der stärksten Unterdrückung durch das Schahregime. Viele Intellektuelle waren im Gefängnis, meine Freunde konnten nur im Keller arbeiten und nicht ausstellen, den Dichtern war der Gebrauch von 300 Worten verboten ... Meine Akte wurde vom SAVAK überprüft, nicht freigegeben und mein Arbeitsvertrag nicht verlängert. Um als Maler zu arbeiten, mußte ich mein Land verlassen ...«

1976 übersiedelte Behkalam nach Berlin, wo er seither als freischaffender Künstler arbeitet.

»Vom Ausland aus habe ich angefangen, auf mein Land zurückzublicken und mußte dafür meine eigene Sprache, meine eigene Form finden ... Ich wollte die Bilder endlich malen, die mich bisher nur bedrückt hatten und

* Die Ausstellungsverzeichnisse umfassen Einzel- und Gruppenausstellungen und erheben keinen Anspruch auf Vollständigkeit.

die ich nicht malen durfte ... Ich verglich das alte und das neue Persien, aus der Geschichte lernend, aus den alten Mosaiken und Reliefs.« In diesem Zusammenhang entstanden 1977 die *Persepolis*-Bilder (Taf. V). 1979/80 folgt eine Reihe von Bildern, die sich mit der »Iranischen Revolution« befassen, die die anfänglich große Hoffnung und die bald folgende tödliche Enttäuschung über das neue Regime thematisieren (*»Sie haben ein anderes Leben erwartet, als die Revolution begann«, »Man nahm ihnen das Leben«*). Formal bringen diese Werke eine originelle Weiterentwicklung der Rahmenbilder persischer Miniaturen: der Rahmen wird zur Umzingelung der flüchtenden Massen, der aufgeschreckten Menschenmengen. Es sind Bilder, die eine jahrtausendealte Tradition bewaffneter Herrschaftssicherung darstellen. Zugleich sind es auch hochästhetische Grisaillen, die in trockenen, erdigen Temperafarben durchscheinend und feinnuanciert aufgetragen sind.

In den nächsten Jahren verbreitert sich die Thematik Behkalams; sie zeugt von einer intellektuell und politisch wachen Persönlichkeit, die die Probleme des Irans und auch der deutschen Gesellschaft im Auge hat. 1981 folgt ein Zyklus zur Häuserräumung in Berlin (Abb. 28), danach *Wir wollen nicht die Juden von morgen werden* (Abb. 26) — eine Auseinandersetzung mit den historischen Dimensionen des neuen Rassismus in Deutschland. *Erschaffung* ist eine bildhafte Problematisierung des rapiden Rationalisierungsprozesses. Der Zyklus *Gerechtigkeit in Allahs Namen* wurde ausgelöst durch die Nachricht vom Tode des jungen Neffen im persischen Gefängnis (Taf. VII). Er schildert in expressiv-dynamischer Formauflösung die Perversionen, die Menschenverachtung der fanatischen Mullahs.

In der letzten Zeit wandte sich der Künstler in seiner Auseinandersetzung mit der deutschen Umwelt auch der Geschichte zu: er malte eine Serie zur 1848er Revolution (Taf. VI). »Mich interessieren beispielsweise besonders die Themen Gewalt, Unterdrückung, Bewegung, Veränderung. Mich interessieren die Geschichte und die Gegenwart des Landes, in dem ich geboren wurde und lange lebte, aber auch die Gegenwart und damit auch die Geschichte des Landes, in dem ich seit über zehn Jahren lebe. Sicherlich interessieren mich diese Themen auch deshalb, weil ich wissen will, wer ich bin, wo ich hingehöre.«[4]

In den zehn Jahren seines Berlin-Aufenthaltes ist auch stilistisch eine Entwicklung zu beobachten. Frühe Werke erinnern an Picasso und Matisse, danach wird Behkalams Stil realistischer, seine Themen werden politischer: Zu erwähnen ist auch eine jahrelange Zusammenarbeit mit Hanefi Yeter. Beide Künstler begannen in der Emigration eine bewußte Auseinandersetzung mit dem kulturellen Erbe ihrer Heimat, beiden gelingen überzeugende »interkulturelle« Werke, die von historischer und politischer Zusammenschau, von Stilzitaten und -mischungen geprägt sind. Ihrer beider Werke sind zudem gekennzeichnet von zutiefst humanistischer Überzeugtheit von der Veränderbarkeit unwürdiger menschlicher Verhältnisse; es geht von ihnen ein großer Ernst aus, es fehlt jegliche ironische Distanz, jegliche abendländische Dekadenz. In den letzten Jahren ist wiederum bei beiden Künstlern eine stärker expressive Auflösung der Formensprache zu beobachten sowie eine Abkehr von orientalisierender Ästhetik.

Abbildungen: *Persepolis I* (1977), (Taf. V); *Bevor sie ihn richten, nehmen sie sein Blut* (1984), (Taf. VII); *Wir wollen nicht die Juden von morgen werden* (1982), (Abb. 26); *Zerstörter Lebensraum* (1981), (Abb. 28); *Verteidigung* (1986), (Taf. VI)

Ausstellungen: 1975, Galerie Seyhun, Teheran / 1977, Kunstamt Kreuzberg, Berlin / 1978, Kunstamt Kreuzberg, Berlin / 1979, Einsteinhaus, Ulm und NGBK, Berlin / 1980, Kulturzentrum Schlachthof, Kassel und NGBK, Berlin / 1981, Staatliche Kunsthalle, Berlin; Majakowski Galerie, Berlin und Galerie am Chamissoplatz, Berlin / 1982, Kunstverein Offenbach; Städtische Galerie Schloß Oberhausen; Kunstamt Kreuzberg, Berlin; Galerie am Eichhof, Kiel / 1983, Galerie Linneborn, Bonn; Staatliche Kunsthalle, Berlin; Museum des 20. Jahrhunderts, Wien und Galerie Hilger, Wien / 1984, Galerie Apex, Göttingen; Galerie am Chamissoplatz, Berlin; Staatliche Kunsthalle, Berlin; Städtisches Kunstmuseum, Bonn; Goethe-Institut, Brüssel; Palast der Künste, Minsk; Rathaus Schöneberg, Berlin / 1985, Galerie Sachs, München; Galerie Pfeiffenberger, Berlin; Galerie Linneborn, Bonn; Rathaus Stuttgart / 1986, Schloß Charlottenburg, Berlin; Museum Bochum; Paulskirche Frankfurt; Stadtgalerie Saarbrücken; Kultur unterm Turm, Stuttgart; Museu de Arte, Sao Paulo; Museu de Arte do Rio Grande do Sul; Wien, Amsterdam, Nijmwegen, London, Istanbul, Paris, Bonn, Berlin / 1987, Staatliche Kunsthalle Berlin.

49 Cecilia Boisier, *Mann mit Krawatte*
1981, Öl/Leinwand, (100x120cm)

Cecilia Boisier

1943 wurde Cecilia Boisier in Santiago de Chile geboren.
1960 bis 1968 studierte sie an der Universidad de Chile in Santiago bildende Kunst und Kunstpädagogik.
bis 1973 hatte sie eine Lehrtätigkeit an der Hochschule für Vorschulerziehung der Universidad de Chile in Santiago. Nach dem Militärputsch verließ sie mit ihrem Mann Antonio Skarmeta und ihren beiden Kindern Chile.
1974 hielt sich die Familie in Argentinien auf.
1975 übersiedelte Cecilia Boisier nach Berlin, da ihr Mann ein DAAD-Stipendium erhielt und als bekannter Schriftsteller und Filmemacher eine Dozentur an der Kunstakademie angeboten bekam.
Trotz relativ privilegierter Situation im Exil beschreibt Cecilia Boisier die Schwierigkeiten im neuen Land: »Ich fühle mich weiterhin als Ausländerin und Exilierte, d.h. in der Lage derer, die nie ganz zur täglichen Realität gehören können, die psychisch und materiell immer in einer Situation des Überganges leben.«[5]
Seit Cecilia Boisier in Berlin lebt, trägt und organisiert sie kulturelle Aktivitäten, die mit Chile in Verbindung stehen: Sie war Mitbegründerin des Chile-Kulturzentrums sowie der Wandmalerei-Gruppe »El Frente«, die versuchte, die Tradition der chilenischen Malerbrigaden zur Zeit der Unidad Popular fortzusetzen: In großen öffentlichen Wandbildern wurde das Pinochet-Regime angeklagt (siehe auch Kapitel 2, Anmerkungen zur Kunstgeschichte Chiles). Cecilia Boisier formuliert als Problem, daß kein eindeutiger Adressat für die Kunst im Exil vorhanden ist: » ... das Volk, für das wir im Grunde alles machen, ist nicht da, die soziale Rolle, das Gebrauchtwerden fehlen.«
In ihrer Kunst kehren bestimmte Motive immer wieder: Begegnungen, Umarmungen, Begrüßungen, Abschiede, Ankommen, Warten, Weitergehen, der Brief, der Koffer. Der Wunsch nach Liebe und Gemeinschaft wird oft formuliert als realistischer Traum. Vermittelt wird das Ausgeliefertsein an eine ungewisse Zukunft, der Verlust von vertrauten Bindungen und Räumen. Die Figuren bewegen sich wie in anonymen, unwirklichen Kulissen.
Cecilia Boisier spricht von »jener Ferne, welche das Lächeln und die Farben meiner Figuren dämpft, welche sie aus der ursprünglichen Gemeinschaft herausgerissen hat.« Es werden also Gefühle und Phantasien von Exilierten beschrieben, deren Leben sich gleichsam im Schwebezustand befindet, Begegnungen werden gezeigt, die schon die Trennung vergegenwärtigen.
Cecilia Boisier ist eine realistische Malerin, die sich selbst in der Tradition der Amerikaner Hopper und Kanovitz ansiedelt. Ihre Bilder sind dennoch von einer gewissen trockenen Stilisiertheit, gekennzeichnet durch Verzicht auf Details und Oberflächenillusionismus. Die Figuren wirken bei aller Dynamik der Bewegung passiv und ausgerichtet, wie gefroren. Sie scheinen sich weniger zu bewegen, als daß sie bewegt werden. Unbewußte Assoziationen an Erfahrungen der Ausgeliefertheit in der Exilsituation sind nicht auszuschließen (Abb. 49).
In den letzten Jahren kommt es zu einer charakteristischen Veränderung ihrer Kunst: »Seit wir Chile 1974 verlassen mußten, waren mein Alltag und meine Arbeit von Exil und Entfremdung stark beherrscht. Da aber eine Rückkehr zunehmend schwieriger schien, wurde dieser schwebende Zustand allmählich entmystifiziert ... Ich bin in eine Veränderungskrise geraten, die mich dazu

gebracht hat, eine realere Beziehung zu dieser Umwelt, in der ich weiterhin lebe, zu suchen ... Zur Zeit versuche ich meinen Alltagsraum malerisch zu verarbeiten ...«[6] Sie malt Innenräume, Wände, Durchblicke, Stilleben ohne Menschen (Taf. XVIII). Stilistisch bringt sie diese Werke mit Ben Willikens in Verbindung. Sie betont, daß sie bei den älteren Bildern die inhaltliche Aussage stark in den Vordergrund rückte und jetzt eine Phase intensiver malerischer Auseinandersetzung mit Oberflächenstrukturen, Lichtern und Farben verfolgt, die sie früher vernachlässigt hätte. Das Zurückdrängen des Figürlichen, Inhaltlichen wird von der politisch engagierten Künstlerin fast mit Schuldgefühlen besetzt und nur als vorübergehende Phase konzipiert und konzediert: »Es steht in meinen Bildern nun eine neue Begegnung mit dem Menschen bevor.«

Abbildungen: *Bahnhof* (1982), (Taf. XVII); *Innenraum II* (1984), (Taf. XVIII); *Mann mit Krawatte* (1981), (Abb. 49);

Ausstellungen: 1976, Ladengalerie, Berlin / 1977, Kulturzentrum André Malraux, Reims / 1978, Centrum voor Chileense Cultuur, Amsterdam und Galerie Junge Kunst, Frankfurt (Oder) / 1979, Salvador Allende-Zentrum, Rotterdam und Kunstamt Kreuzberg, Berlin / 1980, Galerie Franz Mehring, Berlin / 1981, Stadttheater Antwerpen und Galerie Moritzburg, Halle / 1982, Galerie Kraft und Kiesling, Kiel; AEG Fabrik, Berlin und Rote Fabrik, Zürich / 1983, Galerie Transit, Berlin; Galerie La Tienda, Bremen; Kunstamt Kreuzberg, Berlin und Galerie Majakowski, Berlin / 1984, Kassandra Frauengalerie, Berlin; Kunstamt Wedding, Berlin; Frauenmuseum, Bonn; Goethe Universität Frankfurt; Gesellschaft für Kulturpolitik, Wien / 1985, Galerie El Patio, Bremen; Galerie Pfeiffenberger, Berlin; Galerie Franz Mehring, Berlin; Palazzo Corsini, Albano; Galerie Vendemmia, Berlin / 1986, Stadttheater Wilhelmshaven; Rathaus Mainz; Übersee-Museum, Bremen / 1987, Institut Français, Santiago de Chile.

Vlassis Caniaris

1928 wurde Caniaris in Athen geboren. Er studierte zuerst Medizin, danach besuchte er die Hochschule für bildende Künste in Athen.
1956 ließ sich der Künstler in Rom nieder. »Als ich damals nach Italien kam, trafen mich die Arbeiten von Fontana und Burri wie ein Schock. Ich hatte so etwas noch nie gesehen; bis Griechenland war derartiges nicht gedrungen.«[7]
1959 entstand die Serie *Hommage auf die Mauern von Athen 1941-19...* Diese Bilder spielen auf die deutsche Besetzung Griechenlands 1941 an, »19...« meint die ungewisse Fortdauer faschistoider Tendenzen. Es sind dies komplizierte Collagen und Decollagen mit vergipstem Papier auf Leinwand und Jute. Gezeigt werden griechische Mauern der Besatzungszeit mit ihren antifaschistischen Parolen, die durchgestrichen, übermalt und verschmiert, dennoch für griechische Augen lesbar blieben.
1960 ging Caniaris nach Paris. 1962/63 entstanden dort Assemblagen *Zum Wirtschaftswunder*. Es sind dies plastische Arbeiten aus Kleidern, die über Drahtgerüste gezogen werden und aus anderen Fetischen der konsumbesessenen Welt der sechziger Jahre.
1967, kurz nach dem Obristenputsch, kehrte Caniaris nach Griechenland zurück. 1969 kam es zu seiner vielbeachteten Ausstellung gegen die Militärdiktatur. Sie wirkte wie eine Illustration zu dem berüchtigten Ausspruch von Papadopoulos: »Griechenland ist krank. Es bleibt eingegipst, bis es gesundet.«[8] In diesem Zusammenhang entstand auch Caniaris' berühmtes *Auferlegtes Schweigen* (Abb. 48) — aus den assoziationsträchtigen Materialien Stacheldraht, rote Nelken und Gipsbinden. Im Juni 1969 mußte Caniaris überstürzt sein Land verlassen und ging wieder nach Paris.
1973 kam Caniaris auf Einladung des Berliner Künstlerprogrammes des DAAD zu einem einjährigen Aufenthalt nach Berlin. Schon seit 1970/71 hatte er an dem Projekt *Skulpturen zur Fremdarbeitersituation* gearbeitet, in Berlin setzte er die Arbeit intensiv fort. 1975/76 wurde es in Ausstellungen an verschiedenen Orten gezeigt.[9] Ähnlich wie Trumbetaš beschreibt Caniaris in diesem Projekt eine frühe Phase der Migrationsgeschichte. Caniaris charakterisiert diese Zeit in seiner Kunst mit Momenten von unbehauster Vorläufigkeit, von Improvisation mit billigen Abfällen; er zeigt die magische Assoziationskraft einzelner Objekte, die zu Fetischen der Erinnerung an die Heimat geworden sind (Abb. 11, 23). Seine Environments zeigen Kinder, die selbstgebasteltes Spielzeug aus Pappe, Holz und Konservendosen spazieren führen; sie zeigen, wie die ganze Habe der frisch Eingewanderten auf engem Raum zuhauf steht: der Kinderwagen neben dem Fahrrad, der Koffer neben dem Vogelkäfig.

Aus dem Sperrmüll wird das Zimmer eingerichtet. Er zeigt auch, wie am Sonntag die Gastarbeiter die Schaufenster betrachten und nachrechnen, wie lange sie für das Begehrte noch arbeiten müssen. »Ich lernte, daß jede Situation nicht nur reale Momente hat, die entsprechend ihren Prioritäten eingeordnet werden müssen, sondern daß ihr immer auch ein Traum innewohnt.«[10]
1975, ein Jahr nach dem Ende der Militärdiktatur, wurde Caniaris zum Professor an die technische Universität Athen gewählt. Er lebt seither wieder in Athen. 1981 wurde er Gastprofessor an der Sommerakademie Salzburg.
1980 realisierte er das Environment *Hélas Hellas* im Technochoros Bernier in Athen. Es handelt sich um eine riesige, vielschichtige Installation, die auf verschiedenen Realitätsebenen spielt: Die Figuren sind »Publikum«, »Künstler«, stellen reale Situationen des griechischen Alltags dar (Aufhängen von Wäsche, Aufgereihtes Stehen der Männer im Pissoir) (Abb. 39), oder gehören dem »Reich der Idole, Heiligen und mythologischen Figuren« an. 1983 realisierte Caniaris diese Installation auch in Deutschland: im Museum am Ostwall in Dortmund.[11]
Caniaris hat, wie viele griechische Künstler, lange Jahre sein Land verlassen oder es auch verlassen müssen. In allen Etappen seines kosmopolitischen Lebens ging er auf die je besonderen politischen und gesellschaftlichen Bedingungen ein. In Griechenland hatte er die frühere politische Unterdrückung thematisiert, im Frankreich der sechziger Jahre den Konsumzwang, in der BRD die Unterprivilegierung der Arbeitsemigranten. »In einer Welt, die uns beschränkt, ergeben sich Tatsachen, die uns mehr oder weniger stark zu einem Dialog anregen, oder sogar zwingen.« Caniaris' Kunst ist aufklärerisch, nachdenklich, kritisch, vermeidet aber jede direkte Agitation. Die Konkretheit vieler Objekte berührt oder bestürzt oft sehr direkt, wird aber kontrastiert mit der leblosen Anonymität der Gips- und Drahtgerüste. Vom Anspruch und von der künstlerischen Form her lassen sich gewisse Ähnlichkeiten mit dem Amerikaner Edward Kienholz feststellen; Caniaris ist aber weit weniger aggressiv, eher still und auch träumerisch. Seine Kunst fasziniert immer durch hohen inhaltlichen Anspruch und komplexe Assoziationskraft, durch Genauigkeit des Realitätsbezuges einerseits und durch zunehmend ausgreifende, phantasievolle Dramatik andererseits, die in *Hélas Hellas* Dimensionen eines »Welttheaters« erreicht. Seine Kunst hat den Anspruch, Gesellschaft, Geschichte, Welt zu deuten.

Abbildungen: *Hermes* (1973), (Abb. 11); *Ohne Titel*, aus der Ausstellung »Gastarbeiter — Fremdarbeiter« (1973), (Abb. 23); *Hélas Hellas* (1980), (Abb. 39); *Auferlegtes Schweigen* (1969), (Abb. 48)

Ausstellungen: 1958, Galerie Zygos, Athen / 1960, Galerie La Tartaruga, Rom / 1962, Galerie Cadario, Mailand / 1963, Galerie Le Zodiaque, Brüssel / 1964, Galerie »J«, Paris; Galerie Florence Houston Brown, Paris; Teatro della Fenice, Venedig / 1967, Galerie L'Ateneo, Madrid / 1969, Galerie New Gallery, Athen / 1970, Musée d'Art Moderne, Paris / 1971, Galerie Fitzroy, Brüssel / 1972, Moderna Museet, Stockholm; Galerie Poll, Berlin / 1974, Galerie Bocchi, Mailand / 1975, Galerie des 20. Jahrhunderts, Berlin; Kunstverein Heidelberg; Kunstverein Ingolstadt; Museum Bochum / 1976, Institute of Contemporary Arts, London; Kunstverein Hannover / 1980, Technochoros Bernier, Athen; Galerie Bernier, Athen / 1981, Galerie Traklhaus, Salzburg; Galerie Bama, Paris.

Ismail Çoban

1945 wurde Çoban in Çorum (Mittelanatolien) als zwölftes Kind eines Bauern geboren. Sechs seiner Geschwister starben, die Mutter überlebte die Geburt des dreizehnten Kindes nicht. Çoban besuchte die Volksschule in Çorum, lief aber dann aus seinem Dorf weg nach Istanbul, wo zwei seiner Brüder lebten.
1956 bis 1959 machte Çoban eine Schneiderlehre in Istanbul. Die Hoffnung auf eine sichere Existenz zerschlug sich, als das Geschäft ausgeraubt wurde.
1959 bis 1965 folgten dann Realschulbesuch und Ausbildung in einer Internatsschule für Volksschullehrer in Ankara.
1965 wurde Çoban als Volksschullehrer in dem entlegenen Kurtalan Ridvan in Ostanatolien eingesetzt und mußte die tiefste Rückständigkeit dieser extrem unterprivilegierten Region der Türkei erfahren. Unter nahezu feudalen Bedingungen herrscht dort noch ein Aga (Großgrundbesitzer) in absolutem Despotismus über die Bauern. Diese Eindrücke sollten sich in Çobans graphischem Zyklus *Orientalisches Antimärchen* (Abb. 34) niederschlagen.

1965 bis 1968 besuchte Çoban die Hochschule für angewandte Werkkunst in Istanbul. Daneben arbeitete er als Fotograf und Journalist für mehrere Zeitungen, insbesondere über Ostanatolien. Sein Anliegen, Elend und Armut dieser Region ungeschminkt darzustellen, trug ihm den Vorwurf kommunistischer Propaganda ein und führte zu seiner Entlassung. Da sich Çoban akut gefährdet fühlte, zog er es vor, zu emigrieren, obwohl er knapp vor dem Abschluß seines Studiums stand.
1969 kam Çoban nach Deutschland: Zuerst machte er ein Praktikum als Siebdrucker bei Rosenthal in Selb (Oberfranken). Danach besuchte er zwei Jahre die Werkkunstschule in Wuppertal.
1973, anläßlich einer Ausstellung seiner Bilder zusammen mit Texten von Nazim Hikmet, mußte Çoban politische Überwachung auch in der BRD feststellen: Er wurde vor die Wahl gestellt, sich von den Texten des »Kommunisten« Hikmet zu distanzieren oder seine Bilder abzuhängen. Er entschloß sich zu letzterem. Im selben Jahr wurde Çoban aus der Türkei ausgebürgert. Dies führte dazu, daß der Künstler bis heute nicht in seine Heimat zurückkehren kann, da er dort als »unerwünschter Ausländer« gilt.
1976 nahm Çoban die deutsche Staatsbürgerschaft an. Er ist mit einer deutschen Frau verheiratet und lebt heute in Wuppertal, inzwischen als durchaus arrivierter Künstler, der viel ausgestellt wird.

50 Ismail Çoban, aus dem Zyklus *Fegefeuer,* zum *Epos von Scheich Bedreddin*, 1979, Handzeichnung/Mischtechnik, (150x110cm)

Çoban sieht sich aber nicht nur als aktiven Künstler, sondern auch als Kulturvermittler und als Organisator für Ausstellungen junger Talente. Für Künstler, die gerade aus der Türkei gekommen sind, ist sein gastliches Haus in Wuppertal oft erste Anlaufstelle. Zudem leistet er seinen Landsleuten kompetente Hilfe bei Asylverfahren, drohender Abschiebung etc., auch wenn diese Zeit von seiner eigentlichen künstlerischen Tätigkeit abgeht. Çoban ist zudem im Vorstand des SANDER, des türkischen Künstlervereines in Nordrhein-Westfalen, und des BBK (Berufsverband Bildender Künstler). Der Künstler beschreibt, daß sein Werk in der BRD einen stärker sozialkritischen Zug bekam, einmal, weil er endlich ohne Zensur arbeiten konnte, dann, weil er hier das Werk des großen Nazim Hikmet kennenlernte, fatalerweise aber auch, weil er in der reichen BRD anfangs Hunger leiden mußte, Hunger, der ihm hier, bei der abweisenden Verschlossenheit der Menschen, unerträglicher erschien als zu Hause. Seinen kritischen Werken fehlt jede agitatorische Direktheit, statt dessen arbeitet er mit verschlüsselten Symbolen, ins Bild gesetzten Sprichwörtern (Taf. XIV), historischen Analogien.
Die Toten von Milönü (Abb. 3) sind eine monumentale, theologisch tiefgründige Anklage des grausigen Massakers von Çorum, dem Heimatort des Künstlers. Hier überfielen 1980 Faschisten alewitische Bewohner und

richteten ein greuliches Gemetzel an. *Göc* — Nomadenwanderung — schildert die zwangsweise Ansiedlung des letzten herumziehenden Nomadenstammes in der Türkei.

Çoban illustrierte auch das *Epos des Scheich Bedreddin* (Abb. 50).[12] Dieser hatte im 14. Jahrhundert versucht, in der Türkei eine demokratische Gesellschaftsordnung aufzubauen und war dann mit seinen Anhängern grausam niedergemetzelt worden. Dieses nationale Befreiungsepos wurde von Nazim Hikmet neu verfaßt. 1979/80 entstand dazu Çobans graphischer Zyklus mit über 50 großen Blättern. Es sind freie Assoziationen zur Erfahrung der grausamen Unterdrückung von Bewegungen, die an die Herrschaftsverhältnisse rühren. Çoban sieht diese Verhältnisse über die Jahrhunderte hinweg perpetuiert.

Çoban begreift sich auch als Kulturvermittler: in seinen Graphiken tauchen bisweilen Zitate anatolischer Volkskunst auf (Abb. 34): Wie bei vielen anderen Künstlern aus dem islamischen Kulturkreis ist die starke Begrifflichkeit, bisweilen »Wörtlichkeit« seiner Darstellungsdimension zu betonen. Çoban ist ein virtuoser Graphiker, seine Stilsprache ist unmodisch. Das Bildgefüge ist gekennzeichnet durch eine gewisse Statik, durch Mittelachsenzentriertheit, Frontalität und Flächigkeit. Dies kontrastiert mit rapiden Verkürzungen, Tiefenräumlichkeit und Plastizität in anderen Partien. Am beeindruckendsten sind Çobans monumentale Zeugnisse menschlicher Vernichtung, die unpathetisch und mit großer Intensität im Raum stehen.

Abbildungen: *Die Toten von Milönü* (1981), (Abb. 3); *In Erwartung des Orkans* (1977), (Taf. XIV); *Ruhe* aus *Orientalisches Antimärchen* (1976), (Abb. 34); Aus dem Zyklus *Fegefeuer* zum *Epos von Scheich Bedreddin (1979), (Abb. 50)*

Ausstellungen: 1963-1966, Ankara und Istanbul / 1976, Galerie Lometsch, Kassel; Atelier de Westerhelling, Nijmegen/Holland; Galerie Schröder, Düsseldorf; Galerie Heino Heiden, Lübeck; Galerie Ostentor, Dortmund / 1977, Galerie Gertrud Dorn, Stuttgart; Galerie Kley, Hamm; Atelier Christa Moering, Wiesbaden; Museum Bochum / 1978, Galerie Heuser-Langner, Frankfurt; Galerie Brügemanshof, Recklinghausen; Große Düsseldorfer Kunstausstellung / 1979, Galerie Ostentor, Dortmund / 1980, von der Heydt-Museum, Wuppertal; Kunstverein Darmstadt / 1981, Art 81/Galerie W, Basel; Kunstverein Hannover; Krakau / 1982, Galerie Gottfried Murbach, Zürich; Kosice; von der Heydt-Museum, Wuppertal/ 1983, Polyprint-Galerie, Wuppertal; Kampnagelfabrik, Hamburg; International Art Exposition, New York; Museum des 20. Jahrhunderts, Wien; C.E.D.R.I., Basel / 1984, Elke Hoffmann, Erlangen; Ebla-Galerie, Damaskus; Düsseldorf/ 1985, Polyprint-Galerie, Wuppertal; Städtische Kunsthalle Recklinghausen; Galerie im Hof Akkerboom, Kiel; Bastion-Galerie, Düsseldorf; Museum Bochum; Lodz / 1986, Galerie Eissing, Unna; Ebla-Galerie, Damaskus; Schloß Charlottenburg, Berlin; Museum Bochum; Paulskirche, Frankfurt; Stadtgalerie Saarbrücken; »Kultur unterm Turm«, Stuttgart; Düsseldorf; Zeughaus, Ulm / 1987, CBB-Galerie, Wuppertal; Galerie Ragab, Minden; KUBA, Gelsenkirchen; Orangerie, Hannover; Musées de l'Etat, Luxembourg; Wilhelm-Hack-Museum, Ludwigshafen.

Ihsan Ece

1949 wurde Ece in Istanbul geboren. Er besuchte dort die Schule und begann 1969 ein Ingenieurstudium; wirtschaftliche und soziale Gründe veranlaßten ihn aber, seine Heimat zu verlassen und sich als Industriearbeiter in Deutschland zu verdingen.

1970 bis 1972 arbeitete Ece bei Ford in Köln.

1972 bis 1978 folgte ein Studium an der Düsseldorfer Kunstakademie bei Prof. Richter, Achenbach und Rissa. Ece lebt seither in Düsseldorf. Wie Çoban ist er Mitglied des BBK und des SAN-DER.

»Versucht man, aus welchen Gründen auch immer, Menschen zu unterdrücken, sie einzuschränken oder ihnen ihre Freiheit zu nehmen, erweckt man zugleich Widerstand. Schriftsteller, Liedermacher, Maler, Bildhauer und Schauspieler, sie alle drücken den Widerstand auf ihre Art aus. Sie machen auf sich aufmerksam und demonstrieren für das Recht, hier zu sein. Unübersehbar entsteht durch ihr Schaffen eine neue Kultur.«[13]

Eces Werk befaßt sich fast durchgängig mit der Emigrantensituation und zieht eine traurige Bilanz über die Position, die den Fremden von der deutschen Gesellschaft zugewiesen wird: »Menschen haben ihre Heimat aus wirtschaftlichen, ökonomischen und sozialen Gründen verlassen, um in einem anderen Land unter besseren Bedingungen leben und arbeiten zu können. Noch eingebunden in eine andere Kultur und mit Problemen behaftet, nehmen sie jegliche Arbeit an. Kulturelle und religiöse Unterschiede erschweren das Eingewöhnen und Zusammenleben in der neuen Heimat. Neue, sie einschränkende Gesetze, Schwierigkeiten bei der Familienzusammenführung und beim Visum sind Beispiele dafür, wie aus Menschen lediglich ›Gastarbeiter‹ wurden. Es wurde ihnen deutlich gemacht, daß sie nur zum Arbeiten geholt worden sind. Genügt ihnen das nicht, steht es ihnen frei, in ihre Heimat zurückzukehren.«

Der türkische Müllmann mit Schnauzer und Besen — der Prototyp des Ausländers schlechthin — taucht in vielen Bildern Eces auf (Abb. 13). Selbstironie und pointierte Knappheit der Mittel zeichnet viele seiner Werke aus. Im *Orientalischen Teppich* reizt das Spiel mit gesellschaftlichen Gegensätzen: repräsentative Monumentalität einer Tapisserie kontrastiert mit einer Vergegenwärtigung der Position »ganz unten«, mit der Gestalt des Müllmanns.

Andere Bilder beschreiben Einsamkeit, zaghafte Annäherung an fremde Menschen (Abb. 19). Ece schreckt auch vor brüskierenden Anklagen nicht zurück, so thematisiert er beispielsweise Arbeitsunfälle, in die Ausländer prozentual unverhältnismäßig oft verstrickt sind (*Das Bein ist ab*), oder die letzte Heimkehr im Sarg.

Viele Ausländer machen in der Bundesrepublik erstmals die Erfahrung einer machtvollen Bürokratie: ein Stempel kann den Aufenthalt brüsk beenden, einen Lebensplan radikal verändern (Abb. 25). Diese sehr abstrakte Form von Gewaltanwendung wird immer wieder zum Thema (vgl. auch Yeters Bilder). Furcht vor Ausweisung ist eine Hauptangst der Fremden hierzulande, sie läßt sie stumm werden, verbietet ihnen, berechtigte Ansprüche einzuklagen.

Das Erschrecken vieler Türken vor dem neu aufflackernden Rassismus der letzten Jahre in der BRD findet seine deutlichste Sprache in Werken, die die Ausländerfeindlichkeit in der historischen Tradition des Antisemitismus sehen (siehe Eces *Als Fremder in Europa* von 1983 — der Stempel der Ausländerbehörde wird mit dem Judenstern in Verbindung gebracht. Oder auch Behkalams *Wir wollen nicht die Juden von morgen werden*, Abb. 26). Bei aller Skepsis gegenüber einer vorschnellen Gleichsetzung signalisiert dieser Vergleich doch das Ausmaß der Ängste der Ausländer und den Vertrauensschwund in die demokratische Kultur der BRD.

Ebenso klar wie Ece die Funktion seiner Kunst formuliert, so unmißverständlich ist die Aussage der einzelnen Bilder. Er lehnt es ab, sich an wechselnden Trends des Kulturbetriebes zu orientieren, sein explizites Anliegen ist Verständlichkeit der Bildsprache für alle — mit all den bekannten Risiken der Eindimensionalität.

Charakteristisch für Ece ist ein flüssiger Zeichenstil, der auf spiraligen Kurven aufbaut. Nach dem Prinzip der ununterbrochenen Linie wachsen mit sparsamen Mitteln scheinbar Gestalten aus der leeren Fläche hervor. Diese genuin zeichnerischen Qualitäten überträgt der Künstler auch auf seine Ölbilder; geschlossene Farbflächen werden dort durchsichtigen »Pinselzeichnungen« gegenübergestellt. Im übrigen versucht Ece verschiedene Materialexperimente, mit Collagen aus Zeitungsartikeln, Stoffen, Farblagen.

Abbildungen: *Orientalischer Teppich* (1983), (Abb. 13); *Seid nett miteinander* (1983), (Abb. 19); *Ungültig* (1981), (Abb. 25)

Ausstellungen: 1975, Wohnstift Augustinum, Bonn / 1976, Robert-Schumann-Institut, Düsseldorf; Kunsthalle, Düsseldorf / 1979, Kemnade, Bochum / 1980, Städtische Keller-Galerie, Düsseldorf; Museum Bochum / 1981, Galerie Jazz + Art, Gelsenkirchen / 1982, Duisburg, Kultur- und Freizeitzentrum Hamborn / 1983, Galerie Kinder Spielhaus, Düsseldorf, Landesmuseum Düsseldorf / 1984, Kulturamt Erlangen; Galerie Anatolia, Nürnberg; Bürgerhaus Reisholz, Düsseldorf; Gemeinwesenzentrum Essen / 1985, BBK, Düsseldorf; Arbeiterwohlfahrt, Remscheidt, Kemnade, Bochum / 1986, PoLiKunst, Mainz; BBK, Bielefeld.

Ebrahim Ehrari

1938 wurde Ehrari in Urmia, Aserbeidschan, geboren. Wie Behkalam ist er also Angehöriger einer ethnischen Minderheit im Iran.[14] Sein Vater war Schreiber und Berater (eine Art Notar). Von seinen vielen Geschwistern blieben nur sieben am Leben. Zu seinen Kindheitserinnerungen gehört entscheidend der Krieg: Durch den Vertrag zwischen Schah Reza Pahlewi und Hitler wurde Aserbeidschan in den Zweiten Weltkrieg verwickelt und fiel an die Sowjetunion — bis 1946 hatte es so eine autonome kommunistische Regierung. Während dieser Zeit, also in Ehraris ersten beiden Schuljahren, war die aserbeidschanische Sprache erlaubt. Nach 1946 übernahm die persische Zentralregierung wieder die Macht und verbot Sprache und Kulturausübung der Aserbeidschaner bei strenger Bestrafung. Ehrari berichtet, daß der

Zwang, plötzlich die fremde Sprache Persisch reden zu müssen, zu schweren Sprach- und Identitätskonflikten führte und zur mangelhaften Ausbildung beider Sprachen.

1957, nach dem Abitur, wollte Ehrari in Teheran Kunst studieren. Da sein Vater aber dagegen war, beschloß er, sich das Studium selbst zu verdienen. Ehrari arbeitete als Werbezeichner und schließlich als Unterwasserschweißer an einer Öl-Pipeline, die durchs Meer führte. »Diese Arbeit hat mich sehr geprägt. Die Ruhe und Schönheit der Unterwasserwelt kann einen Menschen sehr verändern ... andererseits beschäftigte mich das Erlebnis der Zerstörung dieser Welt durch den Menschen ... Später sah ich darin eine Parallele zu meinem Leben. Ich war als Kind zerstört worden durch den Krieg, durch die fremde persische Sprache, durch die Konflikte mit den Eltern, die sich daraus ergaben.«[15]

1966 wanderte Ehrari aus dem Iran aus und kam nach Berlin. Dort studierte er an der Hochschule für Bildende Künste bei Wolfgang Ludwig und Hans Förtsch. Er schloß mit einem Examen als Informationsgraphikdesigner ab.

1973 kehrte Ehrari nach Teheran zurück und versuchte als Dozent an der Universität Teheran und an der Akademie für angewandte Künste im Bereich Graphik wieder Fuß zu fassen. »1973, nach Beendigung meines Studiums, wollte ich zurück in meine Heimat gehen, um das, was ich in Berlin erlernt hatte, an andere weiterzugeben«, aber »der Geheimdienst schuf Schritt für Schritt solche Bedingungen, daß jemand, der mit dem System nicht einverstanden war, nicht mehr im Lande leben konnte ... Irgendwann bist Du mürbe geworden, kannst vor inneren und äußeren Konflikten nicht mehr arbeiten, fühlst Dich von Deinen Problemen aufgefressen und haust ab. So landeten wir nach zwei Jahren wieder in Berlin.«

1975/76 kehrte Ehrari nach Berlin zurück und übernahm dort die Leitung der Radierwerkstatt des BBK-Berlin.

1985 hielt er sich als Gastkünstler in Nord-Irland auf.

Ehrari lebt nun schon seit 18 Jahren in Deutschland, er fühlt sich als Berliner, ist mit einer deutschen Frau verheiratet und hat fast erwachsene Kinder. Er betont einerseits, daß er im Iran heute nicht mehr leben könnte, und zwar sowohl aus politischen Ursachen als aus Gründen der Mentalitätsunterschiede. Andererseits nimmt er lebhaften Anteil am Geschick seiner Landsleute. »Ich bin grau geworden seit der Revolution im Iran.« Er kümmert sich auch viel um die jugendlichen Asylbewerber, die in großer Zahl nach Berlin kommen, um dem Kriegsdienst gegen den Irak zu entfliehen. Zudem ist Ehraris großes Atelier Ort für Kulturveranstaltungen, für Musik, Lesungen, Ausstellungen, Symposien. Er findet es wichtig, den Deutschen fremde Kulturen näher zu bringen, denn »was man kennt, das liebt man eher.«

Zur Funktion seiner Kunst schreibt Ehrari: »Für mich heißt das, daß ich meine Erfahrung gesellschaftlicher Konflikte mit meinen künstlerischen Mitteln ausdrücke und an andere vermittle.« Hauptthema seiner Kunst ist der Grundkonflikt Natur — Zivilisation, den er in einer ausformulierten Symbolsprache abhandelt. Meist sind es Tiere, die in abgezirkelte Räume eindringen (Taf. XIII), Wände durchrasen, sich verfangen (Abb. 15). Ehrari arbeitet auch mit optischen Täuschungen, »um die Trägheit der Sehgewohnheiten aufzurütteln.« »Ich hoffe, daß der Betrachter plötzlich die Widersprüche, Kontraste, Auseinandersetzungen und ihre Hintergründe in seiner Gesellschaft erkennt.« Seltener gibt es

51 Ebrahim Ehrari, *Der Kaviaresser muß Platz machen*
1979, Farbradierung, (28,5x35cm)

bei Ehrari direkte Anspielungen auf politische Ereignisse oder gesellschaftliche Auseinandersetzungen: so z.B. in *Erinnerungen an Victor Jara* oder *November 1979 in Teheran* oder *Der Kaviaresser muß Platz machen* (Abb. 51).

Abbildungen: *Eingedrungen* (o.J.), (Taf. XIII); *Feuervogel* (o.J.), (Abb. 15); *Der Kaviaresser muß Platz machen* (1979), (Abb. 51)

Ausstellungen in Holland, Frankreich, Belgien, Türkei, Japan, Afghanistan, Indien, Griechenland, Argentinien, Brasilien, Mexiko, Polen, Irland, England, Iran, Deutschland.

Chatziioannidis Fotis

1940 wurde Fotis in Xanthi, im Norden Griechenlands, geboren.
1952 bis 1959 besuchte er das Gymnasium und machte Abitur.
1959 bis 1965 schloß sich daran ein Studium der Bildhauerei an der Akademie der Schönen Künste in Athen an. Fotis schloß mit dem Diplom für Bildhauerei und Kunstpädagogik ab.
1965 bis 1971 lebte er als freischaffender Künstler in Athen.
1971 übersiedelte Fotis nach Berlin. Er nahm hier neben seiner künstlerischen Tätigkeit noch einmal ein Studium an der Hochschule der Kunst auf. Zuletzt war er Meisterschüler bei Prof. Bernhard Heiliger.

Fotis kam 1971 nach Berlin, zu einer Zeit, in der in seiner Heimat noch die Junta herrschte. Eine direkt politisch eingreifende Kunst, die sich etwa mit der Militärregierung in Griechenland oder der Diskriminierung von Ausländern in der BRD befaßt, lehnt er ab. Seine Einstellung zur neuen Wahlheimat ist ambivalent: einerseits beklagt er hier den Mangel an Sonne, Licht, Sinnlichkeit, Schönheit, andererseits schätzt er die besseren finanziellen Rahmenbedingungen des Kulturbetriebes: eine reiche Gesellschaft habe eben mehr Geld, Kunst zu kaufen, zudem sei die Qualität der Gießereien in Deutschland viel besser als in Italien und Griechenland.
Fotis untermauert seine Kunst philosophisch, sie ist ähnlich wie bei Ehrari durch elementare Grundkonflikte geprägt — durch den Kampf zwischen Kreatur und Zivilisation sowie zwischen Sinnlichkeit und Intellekt.[16] Er greift dazu selbstbewußt auf den kulturellen Fundus seiner Heimat zurück, auf die klassische griechische Antike. Fotis kann davon ausgehen, daß weltweit die Archetypen der griechischen Mythologien bekannt sind. So ist *Prometheus* (Abb. 14) ein antiker Heros, »der für die Menschheit die Maschine entdeckt hat, der er selbst aber zugleich zum Opfer gefallen ist . . .«
Aphrodite taucht bei Fotis auf als Urtypus weiblicher Schönheit, ist aber auch in Metamorphose begriffen zwischen organischer Lebendigkeit und architektonischer Starre; ähnlich auch seine *Jonische Säule* — hier läßt sich wieder eine Auseinandersetzung mit antiken Mischformen von Figuralplastik und Architektur beobachten (so ist etwa die Herme halb Architektur, halb Säule, so ersetzt etwa die Karyatide, eine weibliche Ganzfigur, die Säule am Bau). Der *Hermaphrodit* (Abb.

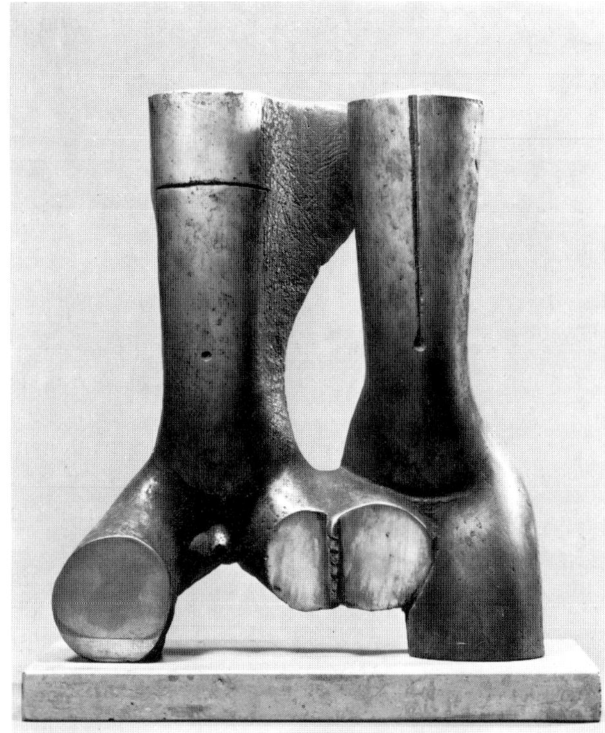

52 Ch. Fotis, *Ausgeglichenes Paar*, 1973, Bronze, (24x21x9cm)

38) steht bei Fotis als Symbol für eine Annäherung des weiblichen und männlichen Prinzips.
Werke wie *Unterdrückungsmaschine* weisen auf den Dualismus Mensch — Maschine hin: Der Künstler arbeitete einerseits mit einer Anthropomorphisierung von Maschinenteilen, andererseits mit einer gewaltsam mechanischen Zurichtung menschlicher Formen — Stilmittel, die an Léger erinnern.
Fotis ist fasziniert von Urkonflikten, Kämpfen, geladener Auseinandersetzung weit auseinanderliegender Pole (in *»Widerstand gegen unbekannte Gegner«, »Befreiung«, »Der Gefesselte«, »Der Getretene«, »Spannung«*), er hat aber auch ein großes Bedürfnis nach Vereinigung der Gegensätze, nach harmonischer Aufhebung entgegengerichteter Kräfte (*Ausgeglichenes Paar*, Abb. 52). Typisch für seine Großplastiken ist ein Hang zur Perfektion des Gusses, zur sinnlich schönen, sublim bearbeiteten Oberfläche mit gleichermaßen optischen und haptischen Reizen. Seine Kunst baut auf einem entwickelten plastischen Stil auf in bezug auf Abstraktion und eine Neuformulierung des Verhältnisses zwischen Körper und Hohlraum, wie sie etwa Arp oder Moore vorangetrieben haben.
Fotis Werk wirkt über lange Zeitspannen hinweg relativ homogen. »Ich verändere mich nicht, ich entwickle mich, die Werke werden reifer ... Anfang und Ende einer Werkreihe sind dann verschieden.«[17]

Abbildungen: *Prometheus* (1978), (Abb. 14); *Hermaphrodit* (1976), (Abb. 38); *Ausgeglichenes Paar* (1973), (Abb. 52)

Ausstellungen: 1976, Galerie Lietzow, Berlin / 1977, Galerie Agapi, Hamburg; Galerie Lietzow, Berlin / 1978, Galerie Lietzow, Berlin / 1980, Schloß Bellevue, Kassel; Galerie Lietzow, Berlin / 1981, Galerie S65, Aalst, Belgien/ 1982, Galerie Hans Barlach, Hamburg / 1985, Galerie Ludwig Lange, Berlin; Galerie Marina Dinkler, Köln / 1986, Kunstamt Tiergarten, Berlin; Schloß Charlottenburg, Berlin; Museum Bochum; Paulskirche Frankfurt; Stadtgalerie Saarbrücken; »Kultur unterm Turm«, Stuttgart

Mehmet Güler

1944 wurde Güler in einem Dorf in der Nähe von Malatya, Ostanatolien, geboren. Diesen Ort verließ er mit 13 Jahren, um als erster seines Dorfes ein Internat zu besuchen. Beeindruckt hatte ihn sein Grundschullehrer, der als einziger »von draußen« kam. Also wollte auch er Lehrer werden, und zwar Kunstlehrer.
1965 schloß er seine Ausbildung an der Gazi Hochschule für Malerei und Graphik in Ankara ab. Danach arbeitete er als Kunsterzieher und in der Lehrerausbildung.
1974 bis 1976 folgte ein Aufbaustudium an der Gesamthochschule in Kassel im Fach »Graphik und Design«. Im Anschluß ging er als Dozent an die Hochschule für Malerei und Graphik nach Ankara. Der politische Druck, der zu dieser Zeit auf alle Ausbildungsstätten ausgeübt wurde und freie künstlerische Betätigung verunmöglichte, veranlaßte Güler, wieder nach Kassel zurückzugehen. »Mit seiner Frau, einem Kind von drei Jahren und einem Koffer«, wie er es formuliert, mußte er wieder am Punkt Null anfangen. Dies war 1977. Seither lebt er in dieser Stadt, inzwischen als arrivierter Künstler, der viel in Deutschland und in der Türkei ausgestellt wird. Trotz mehrfacher Angebote, wieder als Dozent nach Ankara zurückzugehen, zieht Güler es vor, als freischaffender Künstler in Kassel zu bleiben, zum mindesten, solange seine Kinder hier in die Schule gehen.

Durchgängiges Thema seiner Kunst ist die Darstellung des dörflichen Lebens in Anatolien, das er als Kind erfahren hatte.[18] Auch seitdem er in Kassel lebt und den Kontakt nur mehr durch eine jährliche Urlaubsreise aufrechterhält, bleibt er diesem Thema treu. Bezeichnend für die Veränderungen, die die Auswanderung mit sich brachte, scheint aber ein Wandel im Ausdrucksgehalt seiner Werke: Als Güler noch in der Türkei lebte, entstand 1970 eine Holzschnittserie mit Szenen aus dem Dorfleben (Abb. 33). Hier beschreibt er die Bearbeitung des Feldes mit primitivem Holzpflug, den Absturz eines Bauern beim Einbringen der Heuernte in den Bergen, Armut, Erschöpfung, Warten, aber auch Halt durch kollektive Lebensformen — Frauen stehen in Gruppen zusammen und beraten sich — oder die gemeinsame Klage um einen Verstorbenen.
Der Stil dieser frühen Holzschnitte hat auch expressive Qualitäten. Der Umgang mit der natürlichen Maserung des Holzes ist virtuos — einmal kommt sie Gülers Hang zur Schönlinigkeit entgegen, ein andermal signalisieren

sperrige, verkrallte Formen Anstrengung und Kargheit.
In Kassel ändert sich der Charakter seiner Werke allmählich (Taf. XII). In der Erinnerung verklärt sich der Eindruck. Für den inzwischen zum Städter Gewordenen wird die Schönheit der Natur jetzt zum selbständigen Wert. Die Distanz erlaubt ästhetische Reflexion, läßt es zu, ein ursprünglich selbstverständliches Ambiente bewußter wahrzunehmen, aber auch zu einem schönen Traumbild zu verdichten. Es ist nicht mehr die Perspektive des Bauern, die auf Funktionieren des Arbeits- und Lebenszusammenhanges gerichtet ist, es ist eher der Blick des Städters, der die lang entbehrte Natur sehnsuchtsvoll genießt. Ein Feld wird jetzt zu einem Zusammenschluß von Formen und Farben, zum optischen Symbol für flimmernde Hitze, heißen Wind, der die Grasflächen kämmt; Weizen, Tabak, Wolkenfronten sind Auslöser für gelbe, braune, blaue oder weiße Farbflächen. Die Weite der Landschaft, die wie im Film am Auge vorbeizuziehen scheint, wird durch waagrechte Streifigkeit der Farbstrukturen suggeriert. Die Menschen sind zu kleinen Staffagefigürchen geworden, untergeordnet dem Naturerleben. Mit dekorativ wehenden Tüchern stehen sie gleichsam auf der Bühne des Naturschauspiels.
Trockene Sonnendurchglühtheit, endlose Weite sind Assoziationen, die Gülers Bilder erwecken — attraktiv in ihrer Fremdheit, zumal im regnerischen, verstädterten Deutschland. Die Widerhaken, die kritischeren Töne der früheren Werke sind verdrängt worden von einer sehnsuchtsvollen Bewunderung für die spezifische Ästhetik der fernen heimatlichen Landschaft.
Manche Bilder Gülers wirken dekorativ und prächtig wie Emaillearbeiten, mit ihren zu aparten Formen geronnenen Farbflächen. Sie haben meist hohe Horizonte, geringe Tiefe, geschwungene Umrisse, wohlüberlegte Zäsuren. Es ist ein harmonisches Gefüge von Formen und Farben von gemessener Ruhe. Auf eine erstaunliche prima vista-Ähnlichkeit mancher heutiger türkischer Bilder mit dem Jugendstil wurde schon an anderer Stelle hingewiesen (vgl. Kapitel 2).
Trotz großer Kontinuität des künstlerischen Anliegens weist Güler auf verschiedene Phasen in seinem Werk hin[19]: In der Türkei war der Stil seiner Bilder abstrakter,

53 Mehmet Güler, *Mittagsruhe*, 1985, Holzschnitt, (93x46,7cm)

danach folgte eine realistischere Epoche mit glatten Oberflächen, die letzten Werke sind durch aufgelockerte malerische Strukturen und dynamisierten Pinselstrich gekennzeichnet. In verschiedenen Perioden konzentriert er sich auch auf verschiedene Generalthemen: Das Wasser — als Lebenselexier, der Baum — als Schattenspender und prägende Gestalt in der Landschaft und vor allem Frau und Erde — als gebärende Kräfte (Abb. 53).

Abbildungen: *Müdigkeit* (1970), (Abb. 33); *Ich bin machtlos* (1983), (Taf. XII); *Mittagsruhe* (1985), (Abb. 53)

Ausstellungen: 1970, Staatsgalerie Ankara / 1972, Staatsgalerie Ankara / 1974, Staatsgalerie Ankara; Staatsgalerie Izmir / 1977, Staatsgalerie Izmir; Staatsgalerie Ankara; Kunstgalerie Istanbul / 1978, Galerie Lometsch Kassel, Düsseldorf / 1979, Galerie Bilderhaus, Frankfurt; Schloß Bellevue, Kassel; Galerie 77, Duisburg; Evrensel Galerie, Ankara; Galerie Happy joss, Hamburg / 1980, Galerie Vakko, Izmir; Galerie B. R., Istanbul; Galerie Koppelmann, Leverkusen; Galerie Vakko, Ankara / 1981, Galerie Polly Print, Wuppertal; Galerie 77, Duisburg; Kulturamt Unna / 1982, Galerie Türkay, Stuttgart; Galerie Podyum, Hamburg / 1983, Galerie Urart, Ankara / 1984, Galerie Urart, Istanbul; Staatliches Museum, Izmir; Galerie Perge, Kassel / 1985, Galerie Perge, Kassel; Kunstamt Kreuzberg, Berlin; Galerie Beyaz, Bodrum; Galerie Evrensel, Ankara / 1986, Galerie Cumali, Istanbul; Galerie Perge, Kassel.

Ergin Inan

1943 wurde Inan in Malatya, einer Stadt in Ostanatolien, geboren. Dort besuchte er die Schule.
1962 ging er nach Istanbul und studierte 1964 bis 1968 an der Hochschule für angewandte Künste freie Malerei bei einem Professor aus Deutschland. Inan berichtet, daß er bei ihm in Aktstudien, Farbenlehre von Itten, Bauhausästhetik ... unterwiesen wurde. Zudem erhielt er einen Einblick in die große europäische Kunsttradition.
1969 kam Inan an die Internationale Sommerakademie nach Salzburg und besuchte dort einen Kurs für freie Malerei bei Prof. Emilio Vedova. In dieser Zeit ließ er sich auch sehr von der Kunst der Wiener Surrealisten beeindrucken.
1971 bis 1973 erhielt der Künstler ein Stipendium des DAAD für die Akademie der Bildenden Künste in München.
1975 wurde er Dozent an der Hochschule für angewandte Künste in Istanbul.
1978 bis 1979 folgt ein Stipendium des DAAD für die Akademien in München und Berlin.
Seit 1983 war er Gast des Berliner Künstlerprogrammes des DAAD.
1985 bis 1986 war Inan Gastprofessor an der Hochschule der Künste in Berlin.
1986 kehrte Inan nach Istanbul zurück. Er ist Professor an der Marmara Universität (Fakultät der bildenden Künste).

Inans Werk weist den Künstler vorwiegend als Graphiker aus: zeichnerische Virtuosität, ein Hang zum präzisen Detail, zum filigran Ausformulierten, zur Deskription von Skurrilem fallen ins Auge. Immer wiederkehrende Motive sind groteske Köpfe, Bewegungsvariationen (Abb. 36). Insekten tauchen zum ersten Mal in einem Brief an Vedova auf, der sein Lehrer in Salzburg war — recht zufällig nahm er die gerade am Boden kriechenden Tierchen während des Briefschreibens in sein Formenrepertoire auf, in der Art der objets trouvés.
Aus dieser Idee entwickelten sich seine vielen schönen Briefbilder (Taf. XI). Inan beschreibt, daß er sich von Dürer, Leonardo, van Eyck, Käthe Kollwitz, aber auch von den Grotesken eines türkisch-mongolischen Miniaturmalers beeindrucken ließ. Seine Physiognomiestudien lassen an Leonardos groteske Köpfe denken; Renaissanceskizzen zur Anatomie, Botanik oder Biologie haben Pate gestanden. Was im 16. Jahrhundert aber funktional war — Skizzen und erläuternde Beschreibung — wird bei Inan zum verselbständigten, surrealen Gestaltungsprinzip. Statt der wissenschaftlichen Beschreibung der Artenvielfalt in der Renaissance — jetzt Freude am Inkohärenten, am verblüffend Zusammenhanglosen, am Paradoxen und Exzentrischen, aber auch an Verzerrungen und Eruptionen des Unbewußten. Häufig sind Montagen mit Koranseiten in arabischer Schrift, mit Insekten, die regelmäßig verstreut sind in der Art einer eigenen Bilderschrift, mit magisch vervielfältigten Augen, knollig deformierten Nasen; typisch sind fließende Übergänge zwischen außen und innen, männlicher und weiblicher, tierischer und menschlicher Existenz, Schrift und Bild.

I Hanefi Yeter, *Die Pupillen der Hungernden*, 1977, Mischtechnik/Leinwand, (130x90cm)

II Hanefi Yeter, *Wir wissen es beide, Geliebte*, 1976, Mischtechnik/Leinwand, (130x90cm)

III Hanefi Yeter, *Kurzer Schlaf in geliebten Armen*
1978, Mischtechnik/Papier, (46x40cm)

IV Hanefi Yeter, *Zurück*, 1976, Öl/Leinwand, (90x70cm)

V Akbar Behkalam, *Persepolis I*, 1977, Tempera/Leinwand, (105x85cm)

VI Akbar Behkalam, *Verteidigung*
1986, Mischtechnik, (180x280cm)

VII Akbar Behkalam, *Bevor sie ihn richten, nehmen sie sein Blut*
1984, Kreide/Papier, (67x60cm)

VIII Metin Talayman, *Gericht*, 1983, Öl/Leinwand, (80x90cm)

IX Metin Talayman, *In der Fabrik*
1981, Öl/Leinwand, (125x150cm)

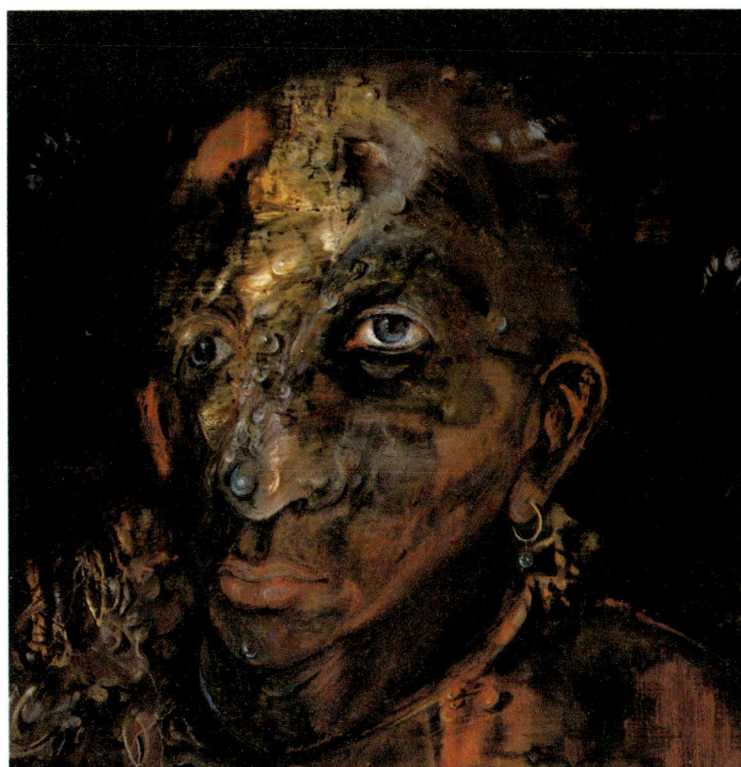

X Ergin Inan, *Psychoportrait* (Detail)
1981, Mischtechnik/Holz, (40x60cm)

XI Ergin Inan, *Brief an Freunde,* 1980, Mischtechnik/Holz, (30,5x25,5cm)

XII Mehmet Güler, *Ich bin machtlos*, 1983, Öl/Papier, (60x42cm)

XIV Ismail Çoban, *In Erwartung des Orkans*, 1977, Öl/Leinwand, (100x80cm)

XIII Ebrahim Ehrari, *Eingedrungen*, o.J., Mischtechnik/Leinwand, (90x70cm)

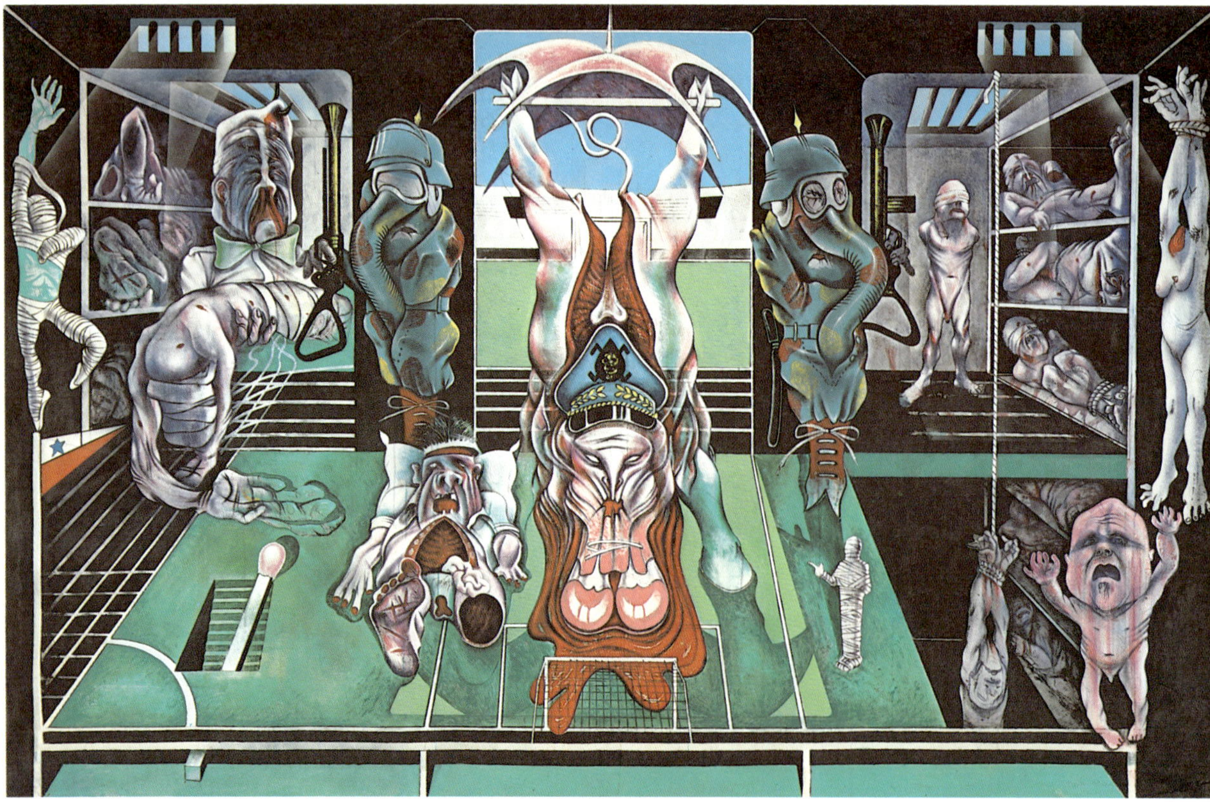

XV Christian Olivares, *Stadion*
1974, Acryl/Leinwand, (165x210cm)

XVI Christian Olivares, *Nofretete in der U-Bahn*
1981, Acryl/Leinwand, (165x210cm)

XVII Cecilia Boisier, Bahnhof
1982, Öl/Leinwand, (100x130cm)

XVIII Cecilia Boisier, *Innenraum II*
1984, Öl/Leinwand, (75x70cm)

XIX Giuseppe Medagli, *L'Aurora*
1985, Öl/Leinwand/ Bleistift/Kordel/Packpapier, (100x100cm)

XX Adelchi-Riccardo Mantovani, *An einem warmen Sommertag*
1978, Mischtechnik, (64x50cm)

XXI Adelchi-Riccardo Mantovani, *Gesichter einer Straße*, 1981, Mischtechnik, (60x45cm)

XXII Jannis Psychopedis, *Polaroidübermalung*
1982, (7x7cm)

XXIII Jannis Psychopedis, *Polaroidübermalung*
1982, (7x7cm)

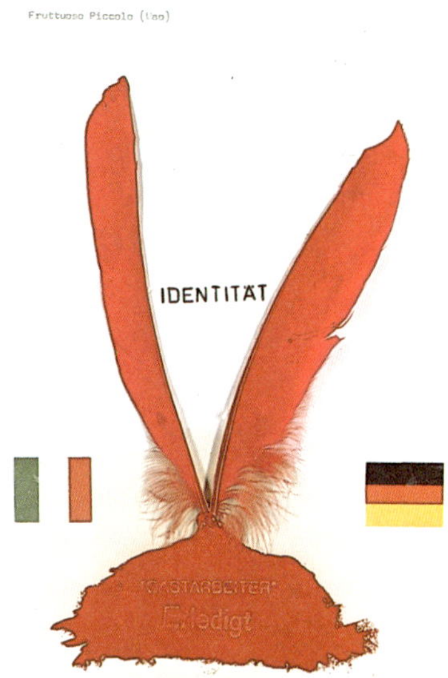

XXIV Fruttuoso Piccolo, *Identität*
o.J., Collage, (30x21cm)

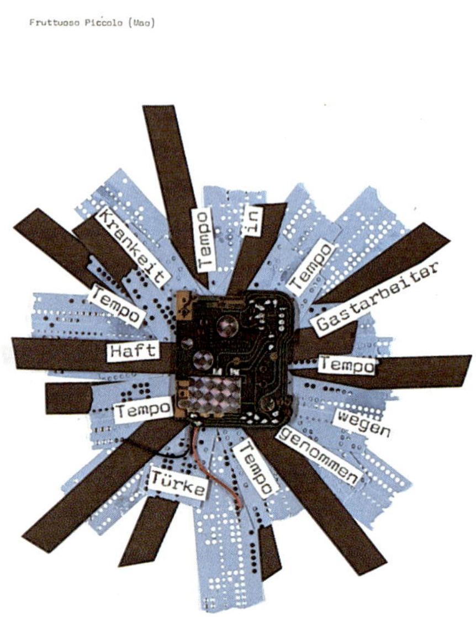

XXV Fruttuoso Piccolo, *Tempo Gastarbeiter*
o.J., Collage, (30x21cm)

Inans Werke wirken auf den ersten Blick skizzenhaft, erst später stellt man fest, daß sie exakt komponiert sind: frontal ausgerichtet, symmetrisch, in mehreren rahmenparallelen Ebenen. In dieser statischen Flächigkeit sowie im Hang zur Übermusterung schließen sie durchaus an alte Traditionen orientalischer Ästhetik an. Einige Blätter sind mit tiefsinnigen meditativen und philosophischen Sprüchen versehen, so etwa:
»Silent is my world, imprisoned on to this paper again today — hear a voice and come — come and see that it has dissolved into a secret among the dancing figure on the paper . . . The story of this painting is written without lips or words. The state of being cannot be expressed through speech, but is a prayer without lips or words.«[20]

Dies entspricht der eher kontemplativen und stillen Seite des Künstlers. Inan verarbeitet aber auch Bilder größter menschlicher Grausamkeit: während seines Münchner Aufenthaltes erschütterte ihn ein Besuch in Dachau und schlug sich in einer Reihe von Zeichnungen nieder. Vivisektorische Verletztheit der Oberflächen, Zerrissenheit der Gesichter leitet Inan überdies von den Erfahrungen grausamer Terroranschläge in der Türkei ab. Man fühlt sich an Anton Lehmdens Werke erinnert, der in Österreich Kriegserlebnisse graphisch verarbeitete.
Ikonen nennt Inan eine Reihe von Ölbildern. So auch sein *Psychoportrait* (Taf. X). Sie sind auf Holz gemalt, in vielen lavierenden Schichten leuchtender Farben, oft auf Goldgrund. Illusionismus in der Gestaltung der Oberflächenqualitäten in typisch surrealer Manier mit absurder »Ver-Rücktheit« des Dingzusammenhanges. Wie im Traum rückt das Unfaßbare scheinbar greifbar nahe.

Abbildungen: *Brief an Freunde* (1980), (Taf. XI); *Ohne Titel* (1983), (Abb. 36); *Psychoportrait* (1981), (Taf. X)

Ausstellungen: 1973 - 1984, Haus der Kunst, München / 1974 Staatliche Kunstausstellung, Ankara / 1975, Hochschule für Angewandte Künste, Istanbul; Staatliche Kunstausstellung, Ankara / 1977, Akademie der Bildenden Künste, Istanbul; Galerie Dürr, München; New York; Philadelphia / 1978, Galerie Artisan, Ankara; Galerie Bedri Rahmi, Istanbul; Moskau; Leningrad; Alexandria / 1979, Galerie November, Berlin / 1980, Galerie Vakko, Ankara / 1981, Galerie Vakko, Izmir; Grafik Biennale, Ljubljana; Cleveland; Amsterdam / 1982, Print Biennale, Fredrikstad; Staatliche Kunstausstellung, Ankara / 1983, Grafik Biennale, Ljubljana; Cleveland; San Francisco; Taiwan; Yokohama / 1984, Staatliche Kunsthalle, Berlin / 1985, Galerie Oberlicht, Berlin; Lodz; Grenchen, Schweiz; Taiwan; COUVIN, Belgique / 1986, Galerie Won, Seoul, Korea; Galerie Vakko, Ankara / 1987, Akademie der Künste, Berlin.

Azade Köker

1949 wurde Azade Köker in Istanbul geboren, sie besuchte dort das Gymnasium.
1967 bis 1971 erhielt sie ein Stipendium des türkischen Kultusministeriums für ein Keramikstudium an der Akademie der Schönen Künste in Istanbul.
1973 ging Azade Köker nach Berlin und studierte Keramik und Industriedesign an der Hochschule für Bildende Künste.
1976 bis 1979 folgte ein Studium der Bildhauerei an der Hochschule der Künste in Berlin bei Prof. Lothar Fischer.
Seit 1978 hat Azade Köker eine eigene Werkstatt in Berlin-Charlottenburg. Ende der siebziger Jahre bewarb sie sich um eine Assistentenstelle an der Akademie in Istanbul. Als sie erfuhr, daß diese für eine männliche Kraft vorgesehen war, entschloß sie sich, als freischaffende Künstlerin in Berlin zu bleiben.

In einem Interview aus dem Jahr 1981 formulierte die Künstlerin noch stärker Erfahrungen von Kulturkonflikt, sprach von Kulturschock als Ausländerin in Berlin.[21] Heute fühlt sie sich voll in den westdeutschen Kulturbetrieb integriert, sie betont, daß sie freiwillig in Berlin ist, jederzeit weg kann, daß sie gute Kontakte sowohl zu türkischen als auch zu deutschen Freunden hat. Sie ist heute sehr empfindlich gegenüber jeder Art gönnerhafter Haltung, die der westdeutsche Kulturbetrieb bisweilen ausländischen Künstlern gegenüber einnimmt. Die inzwischen arrivierte und mit vielen Preisen ausgezeichnete Künstlerin will vor allem den internationalen Aspekt ihrer Kunst betont wissen.[22]
Eine zentrale Rolle in ihrem Werk spielen weibliche Figuren, die sie *Wartende Frauen* nennt (Abb. 20). »Ich suche nach den Wurzeln der Passivität und Eingeschlossenheit und damit der Warterei der Frauen . . . Absichtlich und bewußt entstehen meine Frauenfiguren

54 Azade Köker, *Große Sitzende*, 1984, Ton, (Höhe 172cm)

in der alten Tonplattenkeramik und als Mumien.«[23]
Die Wahrnehmung von weiblicher Unterdrückung wurde bei der Künstlerin zum einen geschärft durch den Vergleich zweier Kulturkreise mit unterschiedlich weit vorangetriebenen Emanzipationsprozessen, zum anderen durch ihre bereits in Istanbul gemachte Erfahrung, daß sich ihre stark europäisch orientierte Lebensweise als

55 Azade Köker, *Große Sitzende*, Detail

intellektuelle Großstädterin radikal von dem traditionalistischen Frauenbild im Osten des Landes abhob.
Azade Köker verfolgt eine feministische Ästhetik, die das Verhältnis zwischen Mann und Frau für ein zentrales gesellschaftliches Problem hält. Für die Intelligenz und die politische Nachdenklichkeit der Künstlerin ist charakteristisch, daß sie bei der Beschreibung des Unterdrückungsverhältnisses selbst nicht stehen bleibt, sondern in Kenntnis sozialpsychologischer Zusammenhänge nach Begründungen sucht: Die Erfahrungen der politischen Verhältnisse in der Türkei schlagen im *Thron* (Abb. 21) in eigenwilliger Form durch. Azade Köker arbeitet gerne mit Zitaten und symbolischen Verkürzungen: So stehen etwa für militärische Macht Versatzstücke wie Uniform, Orden, Gürtel. Es gibt auch eine Reihe von Plastiken, die auf einzelne Körperteile, Gesten, Haltungen reduziert sind — so *»Männlicher Torso«, »Engerer Gürtel«, »Hand«, »Lederjacke«.* Hier fühlt man sich an Vespagnianis Detailstudien einer Ästhetik der Macht erinnert.
Azade Köker schuf für weibliche Reduziertheit und passive Ängstlichkeit plastische Archetypen, wie die

mumienhaft Gebundene oder die Sitzfiguren von quasi »artiger Sittsamkeit« (Abb. 54). Parallel dazu fand sie auch für männliches Schaugehabe typische Kristallisationspunkte: die Hüftpartie etwa mit breit ausgestellten Beinen und herrischer Pose, mit in der Hosentasche geballter Faust. Oder sie desavouiert Männlichkeit: sie zeigt den gewaltsam schnürenden Gürtel, der eine zu weiche Männerfigur mühsam in Zaum hält, oder den Torso mit *Heruntergelassener Hose*, der das Genital schutzlos preisgibt.[24]
Stilistisch ist im Werk Kökers eine Veränderung im Laufe der Jahre zu beobachten. Der anfängliche Detailrealismus nimmt mit der Zeit ab zugunsten einer stärker geometrisierenden Gesamtform. Es gibt auch Erinnerungen an altorientalisch-archaische Skulpturen, so in einigen der überlebensgroßen Frauenfiguren mit ihren geschlossenen Konturen und starren, bannenden Augen (Abb. 55).

Abbildungen: *Frau mit Schleier* (1979), (Abb. 20); *Thron* (1981), (Abb. 21); *Große Sitzende* (1984), (Abb. 54); *Große Sitzende*, Detail, (Abb. 55)

Ausstellungen: 1974, Internationale Keramikausstellung, Perugia / 1976, Cinquième Biennale Internationale de Céramique d'art, Vallauris / 1978, Galerie Taksim, Istanbul; Dizayn-Ausstellung, Istanbul / 1979, Kunstamt Kreuzberg, Berlin / 1980, Potters Gallery, Stuttgart / 1981, Freie Berliner Kunstausstellung / 1982, Kunstquartier, Berlin; Kulturamt der Stadt Köln; Galerie Oberlicht, Berlin / 1983, Freie Berliner Kunstausstellung; Große Kunstausstellung München; Weserburg, Bremen; Bildhauereisymposium Cuvrybrunnen, Berlin / 1984, Frauenmuseum Bonn; Kunstamt Neukölln, Berlin; Kunsthaus, Zürich; Kunstamt Kreuzberg, Berlin / 1985, Bildhauereisymposium am Schlesischen Tor, Berlin / 1986, Große Orangerie, Berlin; Museum Bochum; Paulskirche Frankfurt; Stadtgalerie Saarbrücken; Kultur unterm Turm, Stuttgart / 1987, Akademie der Künste, Berlin.

Adelchi-Riccardo Mantovani

1942 wurde Mantovani in Ro, einem kleinen Dorf bei Ferrara, geboren. Ein Jahr später fiel sein Vater im Krieg. Die Mutter, eine einfache Bäuerin, konnte die drei Kinder nicht ernähren, und so kam Mantovani *1946* in ein Waisenheim nach Ferrara, das von strengen Nonnen geführt wurde. *1952* wechselte er in ein anderes Heim, in dem er auch eine Ausbildung als Dreher erhielt. »Neben Lesen und Schreiben lernte ich, wie man Gott und Vorgesetzte liebt, achtet und fürchtet. Wie ich meine Mitmenschen zu lieben hatte, lernte ich von meinen Erziehern — Gott liebt die Menschen, sagten sie, deswegen läßt er sie leiden. Seinen eigenen Sohn hat er sogar ans Kreuz schlagen lassen — demnach war es reine Liebe, was wir da an Züchtigungen von ihnen erfuhren ... Malen lernte ich dort nicht, aber den Drang, meine Gedanken in Bilder umzusetzen, hatte ich schon als Kind. Die größte Schwierigkeit war für mich der absolute Mangel an irgendwelchen materiellen Möglichkeiten, wie Papier, Stifte, Farbe usw. ... Während der langen Jahre meiner Kindheit und Jugend, die ich in Heimen verbrachte, hatte ich unzählige Armeen von Ungeheuern vernichtet. Die Jungfrauen, die ich vor lebensbedrohlichen Gefahren gerettet hatte, waren erst gar nicht zu zählen. Es handelte sich immer um engelhafte Wesen, die eine mystische, betörend sanfte Erotik — wie die von frühchristlichen Märtyrerinnen — ausstrahlten.«[25] (Abb. 31)
1959 wurde Mantovani aus dem Heim entlassen und nahm eine Arbeit als Dreher in einer Fabrik auf. Ähnlich wie den Eintritt erlebte Mantovani auch den Austritt aus dem Heim als traumatischen Übergang in eine völlig fremde Welt. Er litt unter den harten Arbeitsbedingungen in der Fabrik: 48 Stunden in der Woche, 8 Stunden Arbeit im Stehen täglich, Hitze, Lärm ... Zudem war der streng religiös erzogene Heimzögling von den Obszönitäten seiner Arbeitskollegen schockiert.
1964 emigrierte Mantovani in die BRD. Er kam zuerst nach Wiehl bei Köln, 1966 dann nach Berlin, wo er wieder in einer Fabrik tätig war, aber unter wesentlich besseren Arbeitsbedingungen als in Ferrara. In den ersten Jahren dieser Tätigkeit fand er keine Zeit zu malen. »Die üblichen Probleme eines Ausländers in Deutschland nahmen mich voll in Anspruch. Erst Anfang der siebziger Jahre begann ich wieder zaghaft zu malen ...« Mantovani berichtet, daß er immer eine Stunde am Tag in der Bibliothek verbrachte, er begann sich auch mit Psychologie und Psychoanalyse zu befassen, die ihm halfen, Zusammenhänge seiner Biographie und Nachwirkungen seiner belastenden Kindheitserinnerungen zu erklären.
1979 gab er seine Arbeit in der Fabrik auf und lebte seit-

her von seiner Malerei. »Ich war 20 Jahre lang Arbeiter, habe aber nie die Probleme der Gastarbeiter gemalt, im Unterschied zu anderen, die nie gearbeitet haben und Arbeiter malen.«

Italien hatte Mantovani nur »von unten« kennengelernt, als Heimzögling und als Fabrikarbeiter. Emigration bedeutete für ihn Flucht vor der ungeliebten und unrühmlichen Vergangenheit sowie gesellschaftlichen Aufstieg — den Aufstieg vom Arbeiter zum Maler. »Ich male nicht für's Proletariat, meine Bilder sind viel zu teuer« — dies hängt mit seiner aufwendigen Ölmalweise zusammen, die ihm nur ein langsames Arbeiten von fünf bis sechs Bildern im Jahr gestattet. Mantovani ist Autodidakt. Er ist ein stiller, zurückgezogener Mensch, der nicht so sehr im großen Kulturbetrieb verankert ist, sondern einen spezifischen Abnehmerkreis hat, der auch Bilder bei ihm in Auftrag gibt. Nach Italien fährt er heute als Tourist.[26]

Kunst hat für Mantovani die Funktion, psychische Prozesse darzustellen, sie war vor allem häufig Flucht vor einer unerträglichen Realität, sie wurde zur psychischen Überlebensstrategie.

Der Künstler arbeitet mit Stil- und Formzitaten klassischer italienischer Malerei. Diese lernte er über die klassizistische sakrale Kunst im Waisenhaus kennen. Seine Szenen spielen meist in Italien oder vor Berliner Stadtansichten, die stark italianisiert wirken. Aus der italienischen klassischen Malerei abgeleitet sind die realistischen Qualitäten von Plastizität, Oberflächenillusionismus, Tiefenperspektive. Die Zusammenstellung der figuralen Szenen selbst hat aber durchaus surrealistische Qualitäten. Es sind phantastische, der klassischen Mythologie oder der christlichen Religion entnommene Motive sowie verfremdete Kindheitserinnerungen. Mantovani arbeitet mit Wahrnehmungsirritationen, tiefenpsychologischer Doppeldeutigkeit und bewußt-unbewußter Tiefsinnigkeit.

Abbildungen: *Das glückliche Martyrium der heiligen Agathe* (1973), (Abb. 31); *Gesichter einer Straße* (1981), (Taf. XXI); *An einem warmen Sommertag* (1978), (Taf. XX)

Ausstellungen: 1977, Galerie Taube, Berlin; Städtische Galerie, Moers / 1979, Kommunale Galerie, Wilmersdorf; Kunsthalle Berlin / 1980, Haus der Allianz, Köln / 1981, Adenauer-Haus, Bonn / 1983, Haus des Rundfunks, Berlin / 1984, Galerie am Havelufer, Berlin / 1985, Galerie Franz Mehring, Berlin.

Giuseppe Medagli

1959 wurde Medagli in Neapel geboren als Sohn eines Arbeiters, als Enkel eines Musikers, mit dem er sich immer sehr identifiziert hat: auch dieser hat lange im Ausland gelebt, er war mit einer Griechin verheiratet. Medagli war zu Beginn ebenfalls Musiker (er spielte als Flötist in einer Band) und entschloß sich erst danach, Maler zu werden. So nahm er ein Kunststudium in Neapel auf und machte Studienreisen nach Frankreich und Deutschland. Seit 1979 nahm Medagli an Ausstellungen teil.

1981 kam der Künstler anläßlich einer Ausstellung nach Wuppertal. Geplant war nur ein vorübergehender Aufenthalt, inzwischen aber ist er hier seßhaft geworden (er hat mit einer deutschen Frau ein Kind — »das verändert viel«).[27]

Als italienischer Künstler fühlt sich Medagli in Deutschland mühelos akzeptiert. Der Maler betont, daß er auch schon viel an westdeutscher Lebensweise übernommen habe und nicht mehr so ohne weiteres im südländischen Neapel leben könne.

Medagli beschreibt die Veränderung seiner Kunst im Laufe der Emigrationsjahre: »In der Vergangenheit habe ich mich mit Arbeiten beschäftigt, die eine Verbindung zum ›Emigranten-Realismus‹ hatten (z.B. Abb. 8). Heute lehnt sich mein Stil an die ›Malerei der Erinnerung‹ an (Pittura della memoria). Dies ist ein Stil, durch den ich mich mehr meinem Vaterland verbunden fühle. Der Neoklassizismus, der mich inspiriert, bringt mich Italien, seiner Seele, seiner Geschichte näher... Insofern betrachte ich mich als Emigranten, der eine nostalgische Malerei macht, der Teile seiner Vergangenheit sucht«.[28]

Medagli profiliert sich in Deutschland ganz entschieden als italienischer Künstler. Sein Œuvre weist sein Bekenntnis zur antikischen Tradition aus. Es ist über weite Strecken geprägt durch Figuren der griechisch-

römischen Mythologie, deren »Menschlichkeit« er bewundert, die bacchantische Sinnenfreude und das Fehlen von Ängsten und Schuldgefühlen, die erst das Christentum mit sich brachte.
Der Künstler weiß um die vielfältigen Rückgriffe auf die antike Kultur im Laufe der Geschichte, auf die vielen Renaissancen und Klassizismen; in deren Abfolge ordnet er auch seinen eigenen Historismus ein. *Die Schule von Athen* etwa stellt eine Variante des Freskos von Raffael dar, das Renaissance-Künstler in antikisierendes Ambiente stellte. Medagli führt nun diese Idee fort, indem er Dali, Beuys, sich selbst und viele andere Persönlichkeiten des heutigen Kulturlebens nach Raffaels Vorlage posieren läßt.
Medagli will seine neuere Kunst als Stilsynthese verstanden wissen. Er verbindet Ansätze der »Arte Povera« und der »Konzeptkunst« aus den sechziger und siebziger Jahren mit der Zitatkunst der »Transavanguardia« der achtziger Jahre.[29] Die Zitate klassischer Kunst sind in solider Ölmalerei ausgeführt. Ihre kostbare Intaktheit, ihre plastische Präsenz wird aber nur als Fragment ertragen — kontrastiert wird sie mit billigem, aufgerissenen Packpapier, verschnürt mit Kordel — dies sind wiederum Lieblingsmaterialien der »Arte Povera«. Der Anspruch der »Konzeptkunst«, nicht nur in der direkten sinnlichen Anschauung rezipiert zu werden, sondern auch als Auslöser von Assoziationen und Wahrnehmungsspielen sowie von Reflexion über den Kunstbegriff in der Spannung von Idee und Materie zu dienen, wird auch von Medagli verfolgt. Die in den letzten Jahren immer wieder abgewandelte Idee der »verpackten Gemälde« weist Medagli als bewußten Eklektiker aus.
Fragt man nach den besonderen Komponenten von Kunst in der Emigration, so ist bei Medagli das Zusammentreffen zweier Momente zu beobachten: einmal die sehnsuchtsvolle Beziehung eines Emigranten zu seiner Heimat als der Stätte seiner Kindheit, zum anderen ein neuerer künstlerischer Trend zum nostalgischen Umgang mit Vergangenheit, wie er sich in der Zitatkunst der achtziger Jahre allenthalben manifestiert. Individuelle Sehnsucht nach dem Gestern, nach den Wurzeln, trifft sich mit kollektiver Rückbesinnung auf vergangene Kultur.

Abbildungen: *Jenseits des Horizontes* (1983), (Abb. 8); *L'Aurora* (1985), (Taf. XIX); *L'Aurora* (1984), (Abb. 37)

Ausstellungen: 1979, Galleria la Bilancia, Neapel; Galleria lo Zahir, Neapel / 1980, Galleria dell'Artista, Foggia; Galleria La Tavolozza, Florenz / 1981, Backstubengalerie, Wuppertal; Von-der-Heydt-Museum, Wuppertal; Galerie Alfermann, Solingen / 1982, Galerie Im Westen, Wuppertal; Von-der-Heydt-Museum, Wuppertal, Galerie Alfermann, Solingen / 1983, Galerie Alfermann, Solingen; Galerie an de Marspoort, Xanten; Von-der-Heydt-Museum, Wuppertal; Eco D'Arte Moderna, Florenz / 1984, Galerie Peter Zöls, Radevormwald; Kulturszene Fabrik, Minden; Deutschlandfunk, Köln; Galerie Schnacke, Köln; Klingenmuseum, Solingen; Galerie Alfermann, Solingen; Galerie an de Marspoort, Xanten; Expo Arte, Bari.

Christian Olivares

1944 wurde Olivares in Valdivia, Chile, geboren.
1962 verließ er mit 18 Jahren seine Heimat, voller Neugier auf Europa: »Alle Chilenen wollten weg nach Europa . . . Es gibt keine chilenische Kultur — einem aus Santiago sind Deutsche näher als die Indianer im Süden Chiles.«[30] Olivares schwärmt für Beethoven, Verdi, Puccini, Leonardo, Piero della Francesca, die Nofretete . . . Olivares beschreibt auch die europäischen Einflüsse auf die Kunstentwicklung in Chile, wie sie etwa von Léger oder Picasso ausgingen und bemerkt, daß die Kultur der Indianer in Chile erst zur Zeit der Unidad Popular gezielt gefördert wurde.
In Europa führte Olivares ein abwechslungsreiches künstlerisches Leben: Wandmalereien, Ölbilder, Ausstattungsarbeiten für Filme und Theater, kunsttherapeutische Arbeiten mit Patienten der Psychiatrie. Wie alle Chilenen zog es ihn nach Spanien — ins »europäische Mutterland«, aber auch nach Italien, Dänemark, Frankreich und England.
Seit 1979 wohnt er in Berlin, mit längeren Arbeitsaufenthalten im Ausland. Er ist mit einer deutschen Bibliothekarin verheiratet. Olivares fühlt sich in Europa nicht im Exil — eher genießt er seine kosmopolitische Situation, die ihm Arbeit in verschiedensten europäischen Ländern ermöglicht.

Nach dem chilenischen Militärputsch von 1973 beteiligte sich Olivares zusammen mit vielen Künstlern, die geflohen waren, an Solidaritätsveranstaltungen — so an den kollektiv gemalten »Murales« in Italien und auch in der

BRD. Die Intention war, internationalen Protest gegen das chilenische Terrorregime wachzuhalten und ihn in großen, weithin leuchtenden Wandbildern der wachsenden Gleichgültigkeit und dem Vergessen zu entreißen. In diesem Zusammenhang entstand auch *Stadion* (1974, Taf. XV) — zur Erinnerung an die im Sportstadion von Santiago Zusammengetriebenen, die grauenhaft gefoltert oder exekutiert worden sind.

Bemerkenswert ist auch seine kunsttherapeutische Zusammenarbeit mit Psychiatriepatienten in Parma unter Franco Basaglia. Sie haben ihn tief beeindruckt, fasziniert und auch begeistert in ihren symbolhaften, bilderträchtigen, oft grenzüberschreitenden Ausdrucksformen. Etwas von dieser Verrückheit, die auch Lebensbejahung und Glücksforderungen beinhaltet, ist in seinen *Rentnerträumen* (Abb. 29) zu finden.

Nofretete in der U-Bahn (Taf. XVI) ist aus einer Perspektive der Bedrohtheit gesehen: eine als gewalttätig empfundene, hochtechnisierte Großstadtumwelt gefährdet kreatürliche, individuelle Lebensäußerungen — sie wirken wie eingefroren in parzellierten Gehäusen.

Olivares schuf aber auch eine ganze Reihe von Werken »mit leichter Hand«, humorvolle Anspielungen auf die deutsche Geschichte, Zitate großer europäischer Kulturgüter oder Verfremdungen von Berliner Stadtansichten: *»Wenn Hitler weiter gemalt hätte«, »Anhalterbahnhof«*, Wandbilder für den Gropiusbau in Berlin. Die Freude am Zitieren großer europäischer Kunst ist bei vielen außereuropäischen Künstlern zu beobachten. Sie gleichen darin Reisenden, die ihr Reiseziel im Geiste immer wieder vor Augen gehabt haben und jetzt in Europa den direkten Zugang zu den kulturellen »high-lights« genießen. Die Bewunderung für den alten Kontinent — sonst oft unhinterfragtes künstlerisches Stimulans — hat bei Olivares ironisch-spielerische Distanz. Zitiert wird die Kultur der *neuen* Heimat Europa — anders als etwa bei Medagli, der auf tiefsinnig mythologisierende Weise von der Kunsttradition seiner *alten* Heimat zehrt.

Die Auseinandersetzung mit der Militärjunta in Chile erfolgte mit expressiven, kubistischen und surrealistischen Stilmitteln — in einer Form, wie sie seit Jahrzehnten und weltweit von Grosz, Dix, Picasso, Léger u.a. vorbildhaft geprägt worden war. In den »Murales« taucht eher originär »Lateinamerikanisches« auf, im Rückgriff auf Traditionen öffentlicher sozialistischer Kunst in Mexiko, Kuba, der Unidad Popular in Chile, etc. Die Bilder der letzten Jahre haben poetische surrealistische Komponenten, ironisch und liebevoll versponnen, in schöner Buntheit oder auch in raffiniert monochromer Farbskala. Ein spielerisch unprätentiöser Zug prädestiniert ihn auch für großflächige, dekorative Arbeiten, wie sie bei der Ausstattung von Theater- und Filmproduktionen nötig sind.

Abbildungen: *Stadion* (1974), (Taf. XV); *Nofretete in der U-Bahn* (1981), (Taf. XVI); *Rentnerträume am Renée-Sintenisplatz* (1981), (Abb. 29)

Ausstellungen: 1961, Galerie Carmen Waugh, Santiago de Chile / 1970, Turin / 1973, Galleria Nucleo, Bologna / 1974, Biennale Venedig / 1975, Galleria Studio 5, Bologna; Palazzo Re Enzo, Bologna; Centro d'Arte, Bologna / 1976, Palazzo Capitano, Cesena / 1978, Galleria San Vitale, Bologna / 1979, Ladengalerie, Berlin / 1980, Galerie Mehring, Berlin / 1982, Kunstquartier, Berlin; Majakowski-Galerie, Berlin; Halle; Rostock / 1983, Majakowski-Galerie, Berlin; Gemeindeclub Berlin-Kreuzberg / 1984, Gropiusbau, Berlin.

Fruttuoso Piccolo

1953 wurde Piccolo in Stranghella, in der Provinz Padua, geboren.

1972 kam er als »Gastarbeiter« nach Hannover, arbeitete bis 1979 als Hilfsarbeiter, seitdem ist er arbeitslos. Fruttuoso Piccolo ist als Autodidakt im Bereich der »visuellen Poesie« tätig und verwendet übergreifende Mischformen von Lyrik, Malerei, Collage, Komposition und Fotografie.

Seit 1982 ist er Mitglied im PoLiKunst Verein (Polynationaler Literatur- und Kunstverein).

Piccolos Kunst befaßt sich ausdrücklich und fast ausschließlich mit dem Thema Emigration: »Die Poesie macht sich zum Sprachrohr einer sozialen Verpflichtung, die mich betrifft und klagt die Diskriminierung von ausländischen Arbeitnehmern an, sie stellt sich gegen das ausländerfeindliche System. In diesem Kontext ist und wird die Poesie oft ein politischer Slogan . . .«[31]

Piccolos Collagen (Taf. XXIV, XXV, Abb. 27) , die er auch »Seh-Worte« oder »Visuelle Poesie« nennt, sind aus

Schrift, Computerbögen, Lochkarten, Federn, Papierschnitzeln und dergleichen zusammengesetzt. Diese Montagetechnik leitet er von den Dadaisten und von Schwitters ab; allerdings wird vieles an absurder Konstellation, an verblüffender Disparatheit zurückgenommen zugunsten der Klarheit der politischen Aussage.

Der Umgang mit Schrift ist phantasievoll, erinnert in der Art, wie mit Schreibmaschinentypen, Zeilenabständen, Auslassungen und Überlagerungen gespielt wird, an Jiři Kolář (Abb. 56). Auch in seinen theoretischen Überlegungen kreist Piccolo um die Kategorien Wort und Bild, um die Frage der Austauschbarkeit oder der wechselseitigen Ergänzung der beiden verschiedenen Ausdrucksformen. Interessant ist seine These, daß solche Mischformen eher von Ausländern verstanden werden können, die die fremde Sprache im neuen Land meist nur unzureichend beherrschen: »Die Sprachform der ausländischen Arbeitnehmer ist sehr einfach und begrenzt: Das Bild für sich selbst kennt keine kulturellen und nationalen Grenzen. Die visuelle Poesie der sogenannten ›Gastarbeiter‹ wird mehr und mehr ein vollständig literarischer Kode, aus dem sich ein absoluter Kommunikations-Code entwickelt, der offen ist und bleibt für jeden Ausländer.«[32]

Themen der Arbeiten Piccolos sind die westdeutsche Ausländerpolitik, Identitätsdiffusionen insbesondere der zweiten Generation, bürokratische Verwaltung, Fremdenfeindlichkeit, Beziehungsprobleme, seit neuestem auch das Aufkommen eines bedenklichen deutschen Nationalgefühls sowie die Forderung nach kommunalem Wahlrecht für Ausländer. Piccolo betrachtet seine vielen Lesungen, Multimediaveranstaltungen und Collagen als direktes Sich-Einmischen in den Lauf der deutschen Ausländer- und Kulturpolitik. Die Aussagen sind unmißverständlich, pointiert, die handwerkliche Ausführung ist betont einfach, regt zur Nachahmung an, das Schwergewicht liegt auf der Idee, die mit knappen, witzigen Mitteln visualisiert wird.

Piccolo arbeitet intensiv in »PoLiKunst« mit. »Durch die kulturelle Selbstdarstellung der Minderheiten soll das gegenseitige Verständnis und die Toleranz auf allen Ebenen des Zusammenlebens gefördert werden ... PoLiKunst existiert seit 1980. Künstler und Kulturschaf-

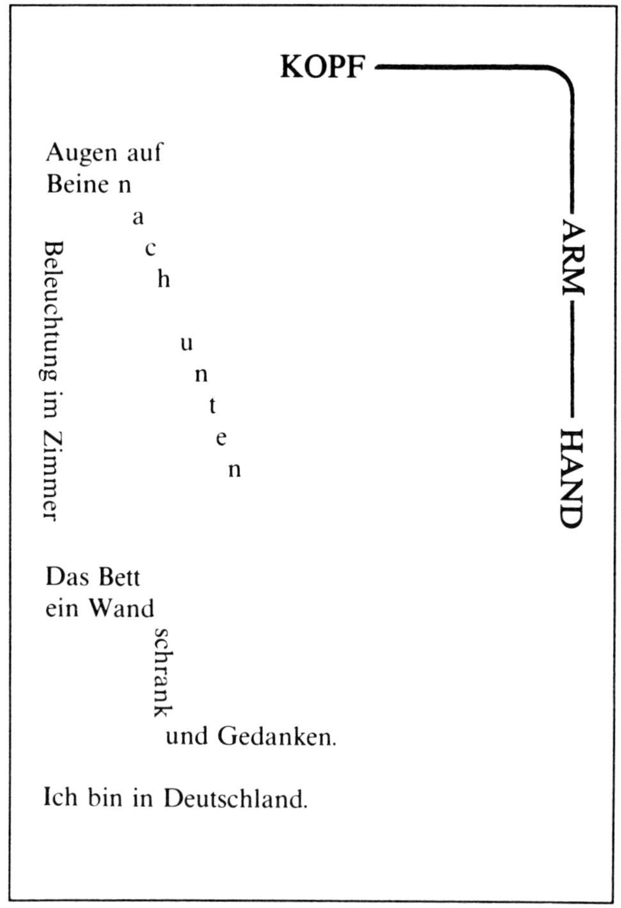

56 Fruttuoso Piccolo, *Kopf, Arm, Hand*, (o.A.)

fende aus über 15 Herkunftsländern und deren eigene kulturelle und ethnische Minderheiten haben sich in PoLiKunst zusammengeschlossen.«[33] Multimediale Kulturveranstaltungen, Jahrbücher etc.[34] fassen die multikulturellen Aktivitäten zusammen. Das Phänomen des Zusammenschlusses von Künstlern in der Emigration ist historisch nicht neu, man erinnere sich etwa an die Arbeit des »freien deutschen Künstlerbundes« im Londoner Exil oder in Frankreich. Künstler wie Heartfield, Kokoschka oder Schwitters schlossen sich diesen Vereinen an. Neu ist aber der multikulturelle Ansatz und der Anspruch auf pädagogische Vermittlung für die deutsche Mehrheit. Inwiefern dieser wirklich eingelöst wird, gilt es im einzelnen zu überprüfen. Hinderlich ist zum einen, das sich die BRD *nicht* als Einwanderungsland verstehen will und daher sich etablierende fremde Kultureinflüsse im Grunde abwehrt. Zum anderen empfinden sich die verschiedenen ethnischen Gruppen keinesfalls automatisch als Einheit, verlangt es doch schon ein sehr geschultes politisches Bewußtsein, die gemeinsame Betroffenheit durch das deutsche Ausländergesetz als Bindeglied zu empfinden. Nicht zu vergessen sind auch traditionelle Feindseligkeiten zwischen verschiedenen Nationen oder die Hierarchien zwischen den einzelnen Ausländergruppen, die aus den unterschiedlichen Migrationsgeschichten resultieren.

Abbildungen: *Tempo Gastarbeiter* (o.J.), (Taf. XXV); *Identität* (o.J.), (Taf. XXIV); *Ausländer Raus, Tempo 1983* (1983), (Abb. 27); *Kopf, Hand, Arm* (o.J.), (Abb. 56)

Veröffentlichungen: Fruttuoso Piccolo: *10 anni fra due mondi/1970 - 1980* (Gedichte in italienischer Sprache), Selbstverlag, Hannover 1980; Fruttuoso Piccolo: *Arlecchino »Gastarbeiter«* (Gedichte und Collagen, italienisch und deutsch), Postskriptum Verlag, Hannover 1985

Ausstellungen: 1982, Raschplatz Pavillon, Hannover / 1983, Raschplatz-Pavillon, Hannover; Evangelische Akademie, Loccum; PoLiKunst, Mainz / 1984, Raschplatz Pavillon, Hannover; Galerie »Forum International«, Freiburg / 1985, Poesia visuale '85, Sommacampagna; PoLiKunst, München u. Augsburg / 1986, PoLiKunst, Mainz; Italienisches Kulturinstitut, Wolfsburg / 1987, Hannover.

Jannis Psychopedis

1945 wurde Psychopedis in Athen geboren, als Sohn einer Griechin mit teilweise deutscher Abstammung. Er besuchte ein deutsches Gymnasium in Athen.
1963 bis 1968 studierte Psychopedis an der staatlichen Hochschule der Bildenden Künste in Athen bei einem abstrakten Maler. 1966 gehörte er innerhalb der Akademie einer Gruppe »Neue griechische Realisten« an, die während der Jahre der Militärdiktatur (1967 bis 1974) nicht ausstellen durfte — nur im Goethe-Institut in Athen waren damals Ausstellungen möglich.
1968 bis 1970 folgten zwei Jahre Militärdienst: Psychopedis wurde in eine Spezialtruppe im Norden des Landes gesteckt — für Regimekritiker und Studentenführer. Danach ergriff er dankbar die Möglichkeit, sein Land zu verlassen:
1971 bis 1975 erhielt der Künstler ein Stipendium des DAAD in München bei einem ebenfalls abstrakt malenden Lehrer, K. F. Dahmen. Psychopedis berichtet von engen Kontakten der Auslandsgriechen untereinander zu dieser Zeit, die aus der Ferne die Militärdiktatur in der Heimat kritisierten. Es bildeten sich auch Gruppen von Künstlern, die sich mit Gastarbeitern und ihren Problemen befaßten.
1974, Ende der Militärdiktatur in Griechenland: Psychopedis wird Gründungsmitglied der Produzentengalerie KET in Athen, es folgt auch eine erste Ausstellung in Berlin, in der Galerie Poll.
1977 bis 1978 war Psychopedis Gast des Berliner Künstlerprogrammes des DAAD. »Dann hat sich die Sache irgendwie so ergeben, daß ich hier blieb ...« Der Künstler hatte sich inzwischen in Berlin gut eingelebt und war beruflich erfolgreich. Zu Berlin meint er: »Auf dem Gebiet des Lebens gibt es hier große Mängel und Lücken, während im intellektuellen Bereich sehr interessante Sachen passieren ...«[35]
Psychopedis hält sich regelmäßig im Sommer in Athen auf, zu Ausstellungen. Er braucht beide Metropolen — Athen und Berlin: in beiden stellt er aus, in beiden besitzt er eine Wohnung, in beiden schätzt er die Dimension des »Weggehen-Könnens«, die eine gewisse Distanz schafft. Auf den Einwand, daß das ja auch eine permanente Fluchtsituation sein könnte, antwortet er: »Ja, das stimmt. Aber wenn man das bewußt macht, ist es keine Flucht mehr. Es ist ein Versuch auf der Suche nach dem Absoluten, das es nicht gibt«.

Es verwundert nicht, daß sich einschneidende Etappen der Biographie auch im Œuvre des Künstlers niederschlagen: »Die Münchner Zeit (während der Militärdiktatur in Griechenland — d. Verf.) war eine politische, die sehr stark meine Arbeiten geprägt hat. Seitdem ich in Berlin bin, habe ich das Gefühl, auf der Suche nach einer anderen Ebene der Sensibilität zu sein, mehr nach innen, auf das Subjekt bezogen, aber nicht hermetisch«. Die Auseinandersetzung mit der griechischen Junta war vielfältig — sie führte zu Themen wie *Das Verhör* (Abb.

4), *Stilleben mit Stiefel*, *Variationen über Hammer und Sichel*[36]. Die Stilleben dieser Zeit sind in fotorealistischer Manier gezeichnet, bisweilen mit »trompe l'œil« -Effekten, die an der Zweidimensionalität der Montagen zweifeln lassen. Es sind irritierende Spiele mit politischen Zeichen, Symbolen der militärischen Macht, die ihre Spannung aus dem »pars pro toto« beziehen, aus der Weglassung und Andeutung. Die Bilder von Menschen sind in diesen Werken meist zu klischierten Erinnerungsfotos geronnen, Landschaften werden zu Kitschpostkarten, die eingerissen, an die Wand gepinnt sind.
Die besonderen Lebensbedingungen der Auswanderer schlagen sich nieder in einer Serie mit Koffer (*Die Reise*, Abb. 6) und in einer Folge *Der Brief, der nie ankam* (Abb. 7)[37]. Hier finden die vielfältigen Fetzen der Erinnerung ihr ästhetisches Äquivalent in der Montage disparater Fragmente; es geht um Relikte menschlicher Kommunikation. Mit abgegriffenen Objektstrukturen und verwischten Spuren wird Vergänglichkeit, Vergessen, Verlorenheit suggeriert.
Ähnlich wie bei Boisier folgt später eine stärker subjektivistische Phase. Bei Psychopedis zeugt sie von einer lebensbejahenden Grundhaltung, Nahsicht auf die private Umwelt, Intimität und Erotik. Bilder dieser Zeit haben fast pointillistische Farbqualitäten, oft sind es scheinbar willkürliche Realitätsausschnitte, die den Blick auf Zufälliges, Nebensächliches lenken können.[38]
Das Medium Fotografie wird in vielfältiger Weise für die Malerei nutzbar gemacht: Fotos dienen als Kompositionsstudien, die später ins Großformat übertragen werden. Fotografien, Postkarten und Zeitungsausschnitte werden mit anderen Objekten zu Collagen montiert oder augentäuscherisch nachgezeichnet. In den letzten Jahren überarbeitet der Künstler Polaroidfotos mit Temperafarben und Klebstoffixierung: es entstehen kleine bunte Bilder, die in ihrer Farbskala und ihrer Linienführung an Jawlensky oder den Jugendstil erinnern (Taf. XXII, XXIII).

Abbildungen: *Das Verhör* (Der blaue Stuhl), (1978), (Abb. 4); aus der Serie *Der Brief, der nie ankam* (1978/79), (Abb. 7); Polaroidübermalungen (1981), (Taf. XXII, XXIII); *Die Reise* (1979), (Abb. 6)

Ausstellungen: 1966, Galerie Kerea, Athen / 1973, Galerie Art Appeal, München / 1974, Galerie Poll, Berlin / 1975, Galerie KET, Athen / 1976, Galerie Kochlias, Saloniki; Galerie APEX, Göttingen / 1977, Galerie Gazette, Athen; Musée d'Art Moderne, Paris / 1978, Galerie Poll, Berlin / 1979, Athens Gallery, Athen; Kunstverein Kassel; National Gallery of Ireland, Dublin; Zappion, Athen / 1980, Kunsthalle Darmstadt; Rijéka, Jugoslawien / 1981, Athens Gallery, Athen; Akademie der Künste, Berlin / 1982, Galerie Trito Mati, Athen; Galerie 3, Athen; Europalia, Antwerpen / 1983, Galerie Zoumboulakis, Athen; Galerie Redmann, Berlin / 1984, Staatliche Antikensammlungen, München; Galerie Artio, Athen; Algier / 1985, Heraklion Gallery, Iraklion, Kreta; Galerie Zoumboulakis, Athen; Galerie im Körnerpark, Berlin; Galerie Yakinthos, Athen; Nationale Pinakothek, Athen / 1986, Galerie Zoumboulakis, Athen; Große Orangerie, Berlin; Bochum; Frankfurt; Stuttgart; München; Pinakothek Piendis, Athen; Yamanashi Museum of Art, Japan / 1987, Musée des Beaux-Arts, Nantes; Städtische Pinakothek, Rhodos.

Metin Talayman

Talayman erzählt von sich selbst:
»1939 wurde ich in dem Istanbuler Stadtteil Kadiköy geboren. Seit meiner Kindheit zeichnete ich gerne und — wie es hieß — mit Begabung, sodaß mich mein Vater bei einem befreundeten Karikaturisten ›in die Schule‹ schickte. Nach meinem Abitur wollte ich das Handwerk der Malerei richtig erlernen und begann das Studium an der Staatlichen Akademie der schönen Künste in Istanbul.
(1956 bis 1963) Ich malte, aber ich schrieb auch Bühnenstücke und trat als Pantomime auf. 1958/59 gründete ich mit Freunden ›Mim Pantomim‹ und spielte in städtischen und privaten Theaterhäusern. Zur gleichen Zeit stellte ich meine ›Zeichnungen des Schwarzen Humors‹ aus und notierte meine Gedanken dazu . . .«[39]
In seiner Akademiezeit lernte Talayman vor allem Fauvisten, Surrealisten, Kubisten und Konstruktivisten kennen. Seine Lehrer hatten überwiegend in Paris studiert und gehörten der Gruppe »D« an, die 1933 gegründet worden war. Zu ihren Leitideen gehörten etwa folgende Thesen: »Das Bild ist ein geistiger Raum, Licht ist durch Farbe auszudrücken, durch die Reinheit der Farbe kann man den stärksten Ausdruck erzielen . . .«[40]
1966 gründete er zusammen mit Alaattin Aksoy, Komet Gürkan Coşkun und anderen die Gruppe »12«, die internationale Resonanz finden sollte. Der damals gefundene Stil blieb dem Expressionismus verhaftet.

1972 kam Talayman mit einem türkischen Stipendium nach Deutschland. In Düsseldorf arbeitete er zwei Jahre mit Prof. R. Geiger an der Kunstakademie.
1976 schrieb er das Theaterstück »Der Tod kommt danach«.
1980 übersiedelte er nach Berlin und erhielt ein Arbeitsstipendium des Berliner Senats für Wissenschaft und kulturelle Angelegenheiten, mit dem Auftrag, seine Landsleute in Berlin darzustellen.
1985 entstand ein Band mit Gedichten und Zeichnungen und ein Theaterstück »Dimensionen des Zimmers«.
1986 folgte dann das dramatische Stück »Lieben«, in Anlehnung an Schriften von Erich Fromm.

Den Zyklus zur Situation türkischer Emigranten in Berlin von 1980/81 (Taf. IX) widmet der Künstler »den schwarzäugigen Kindern des Volkes, das aus Anatolien stammt«. Er lief von Hinterhof zu Hinterhof in Kreuzberg, besuchte Fabriken und machte Hausbesuche. »So ein Phänomen wie Kreuzberg hatte ich zuvor noch nie gesehen. Kleine Fische in tiefen Ozeanen halten sich zusammen und bewegen sich als Masse gegenüber großen Fischen. So sind meine ersten Assoziationen in Kreuzberg.«[41] Talaymans Bilder beschreiben auf verschiedenen Darstellungsebenen: einmal sind es vordergründig alltägliche Szenen — auf Ämtern, in der U-Bahn, der Abriß von Häusern, Treffen von Berliner Punks; dann sind es Darstellungen psychischer Konstellationen wie Entfremdungsgefühle, Empfindungen von Bedrohtheit und Angst — Angst um die in der Heimat zurückgebliebene Frau und Angst, sich aufzulösen (Abb. 22). Talayman distanziert sich heute bis zu einem gewissen Grad von den Bildern über die Türken in Berlin, vor allem auch, weil er die Entstehungsbedingungen kritisiert: Es war ein Auftragswerk mit ausdrücklichen inhaltlichen Vorgaben. Er malte nicht weniger als 80 Bilder in kürzester Zeit.
An den großen Serien *Unterirdische Notizen* und *Gericht* (Taf. VIII) arbeitete er viele Jahre. Sie entziehen sich ganz bewußt eindeutigen Interpretationsversuchen und drücken psychische Grundhaltungen auf einer viel allgemeineren Ebene aus. Sie scheinen immer und immer wieder eine archetypische Grundsituation von »existentieller Hingeworfenheit auf eine Lebensbühne« zu beschreiben. Die Figuren in diesen Bildern wirken marionettenhaft zappelnd, wie elektrisiert, oft zerstückelt. Ausfahrende Bewegungen, Dahinrasen, rasante Diagonalen und stellenweise grelle Farbakkorde dramatisieren das Bildgeschehen. Einzelne mit dem Pinsel geführte Linien, »Kraftlinien«, wie sie Talayman nennt, spielen eine wichtige Rolle: Sie sind gleichsam Ausdruck von aggressiven Intentionen, Ängsten und Bedrohungsvisionen, die sich in einem sinnlich wahrnehmbaren linearen Kräftefeld abzuspielen scheinen. Gezeichnete oder gemalte Linien bilden zudem Gerüste und Umrisse für Körper. Talaymans Handschrift gibt vielen Bildern auch etwas von Psychogrammen. Die Linien wirken wie materialisierte Spuren unmittelbar zum Ausdruck drängender psychischer Vorgänge.

Abbildungen: *In der Fabrik* (1981), (Taf. IX); *Sich auflösen* (1980), (Abb. 22); *Gericht* (1983), (Taf. VIII)

Ausstellungen: 1963, Galerie Beyoglu, Istanbul / 1966, Galerie Taksim, Istanbul / 1967, Galerie Taksim, Istanbul; Biennale, Paris / 1968, Galerie Taksim, Istanbul / 1969, Galerie Bir, Beyoglu, Istanbul / 1973, Wardeggleston Gallery, New York; Midtown Artist Gallery, New York; Turkish Centre, New York / 1976, Galerie Das Auge, Düsseldorf / 1979, Rathaus Ratingen; Kunstmuseum Bochum / 1981, Rathaus Neukölln, Berlin / 1982, Atelier 33, Berlin; Galerie Witte-Baumgartner, Berlin / 1983, Marburger Kunstverein, Marburg / 1987, Akademie der Künste, Berlin.

Dragutin Trumbetaš

Der jugoslawische Künstler gibt selbst einen schlagwortartigen Überblick über sein Leben: »Ich wurde 1938 in Velika Mlaka, bei Zagreb, Kroatien, geboren. Volksschule im Dorf, kleine Matura in Velika Gorica, Graphische Schule in Zagreb. Ab 1956 tätig als Schriftsetzer, landvermesserisch-technischer Zeichner, Layouter. Ab 1966 mit der Frau in Frankfurt, als Bügler, Packer, Schriftsetzer. 1972 Rückkehr nach Kroatien. Keine Arbeit in Zagreb. Rückkehr nach Frankfurt. Frau und Kinder bleiben im Dorf. Zeichnete ab 1973 an dem Zyklus *Gastarbeiter*, 1977 erschien das Buch »Gastarbeiter« bei der Büchergilde Gutenberg mit 63 Zeichnungen. Dann Arbeit an Zyklus über Frankfurt. Und Theaterstück »Die Sadisten«, Uraufführung 1981 in Wuppertal. Schreibe

Gedichte, illustriere Bücher, habe Heimweh. Viele Reisen zur Familie«.[42]
1980 beschloß Trumbetaš nach Hause zurückzukehren. Bei seiner Heimkehr wurden kroatische Zeitschriften in seinem Gepäck gefunden. Dies führte trotz internationaler Proteste zu einer Inhaftierung von einem halben Jahr.[43] Heute lebt Trumbetaš auf dem Hof seiner Eltern unter sehr schlechten finanziellen Bedingungen. Zudem erhält er keine Ausreisegenehmigung nach Deutschland. Er arbeitet an einem Zyklus über Zigeuner — wiederum über ein ethnische Minderheit, diesmal in Jugoslawien —, schreibt Theaterstücke (»Nichtraucher« — über die Problematik von Gastarbeitern; »Nestbeschmutzer«) und ist auch als Schauspieler tätig. »Nichtraucher« wird 1987 auch in Deutschland aufgeführt. Trumbetaš Werke werden in letzter Zeit zunehmend auch in Jugoslawien ausgestellt.
»Schon mit sieben Jahren habe ich meine Umgebung gezeichnet. Ich versuchte immer, das festzuhalten, was mich besonders beeindruckte. Dabei suchte ich immer die Wirklichkeit: ich wollte sie in meinen Bildern auffangen, und mit der Zeit bemerkte ich, daß jeder Mensch eine eigene Wirklichkeit hat, daß er in vielen Problemen steckt. Doch sind diese Probleme immer die, die eine herrschende Gesellschaft verborgen halten will. Es geht also um Verhältnisse, durch die Völker, kleine und große, ausgenutzt, ausgebeutet und gequält werden. So habe ich mir die Aufgabe gestellt, diese Zusammenhänge künstlerisch darzustellen.«
Trumbetaš schilderte als einer der ersten Künstler den Alltag von Wanderarbeitern in der BRD. Schon in den sechziger Jahren begann er seinen *Gastarbeiter-Zyklus*, der inzwischen zu einer klassischen Sozialreportage der ersten Phase der Migration geworden ist[44], in der alleinstehende (»ledig gehende«) Männer mit Zeitverträgen angeworben und in Werksbaracken untergebracht wurden (Abb. 9). Drastisch und sehr detailreich werden von Trumbetaš die aus Enge und Armseligkeit resultierenden alltäglichen Nöte geschildert, das Zusammenfallen aller Lebensäußerungen wie Schlafen, Kochen, Waschen, Kranksein, Geselligkeit und Liebe auf engstem Raum. Es fällt eine fast voyeuristische Akribie auf, der kein Detail zu nebensächlich ist — besteht doch der

57 Dragutin Trumbetaš, *Türkische Familie ist gekommen*
Anfang der 70er Jahre, Federzeichnung, (60x44cm)

Alltag aus vielen billigen, lebensnotwendigen Dingen, die auf dem Boden, auf Tischen und Betten ausgebreitet werden müssen. Dahinter steht die persönliche Erfahrung eines solchermaßen beengten Lebens. Neben den Barackenbildern gibt es auch Zeichnungen vom Bau, vom Ausländeramt, vom Bahnhof, von der Straße sowie eine Reihe von Bildern, die Trumbetaš als politisch analysierenden Künstler zeigen, der Symbole für die gesellschaftliche Außenseiterrolle der Arbeitsemigranten sucht (Abb. 10).
Dokumentarischer Detailreichtum und Schärfe der Beobachtung sind gepaart mit einem in Ansätzen »naiven« Figurenstil (Abb. 57): Wie bei Kinderzeichnungen wird im Interesse erzählerischer Deutlichkeit und im Streben nach Vollständigkeit der Erscheinung vorge-

gangen; es kommt zum Verzicht auf illusionistische Verkürzungen sowie zum brüsken Wechsel von Profil- und En Face-Ansichten, zum scheinbaren Fehlen von Gelenken und damit zu Proportions- und Bewegungs-»fehlern«. Diese »naiven« Figuren der bäuerlichen Neuankömmlinge stehen isoliert in der Großstadtwelt, die stilistisch ganz anders gestaltet ist — präzise perspektivisch durchgezeichnet. Die Menschen fühlen sich fremd und unsicher beim Eintritt in eine beherrschende, exakt funktionierende Umwelt. Stilbruch ist hier also ein ästhetisches Zeichen für Bruch in der Biographie, Bruch in der Wahrnehmungs- und Erfahrungsweise. Das hat nichts mit »naiver« Kunst im eigentlichen Sinne zu tun, der Trumbetaš von oberflächlichen Beobachtern zugeordnet wird (die Klischeevorstellung ist weit verbreitet, daß Künstler aus Jugoslawien durchwegs Naive seien).
Stil und Thematik des Künstlers verändern sich im Laufe der Jahre. Er wendet sich von der ausschließlichen Schilderung des Gastarbeiterlebens ab und versucht, allgemeine gesellschaftliche Probleme zu beschreiben, so in seinem Zyklus über seine neue Wahlheimat Frankfurt mit dem Titel *Bankfurt ist Krankfurt* (1976 — 1982). Hier wird allerdings nicht mehr die überzeugende Nahsicht des Insiders spürbar, die die originellen Dokumente des *Gastarbeiter-Zyklus* auszeichnete.

Abbildungen: *Tontschek schreibt Brief an Frau* (Anfang der 70er Jahre), (Abb. 9); *Gastarbeiter in Europa* (Anfang der 70er Jahre), (Abb. 10); *Türkische Familie ist gekommen* (Anfang der 70er Jahre), (Abb. 57)

Ausstellungen: 1976-80, über 60 Einzelausstellungen in der Bundesrepublik Deutschland / 1985, Belgrad / 1986, Subotica, Belgrad, Skopje / 1987, Belgrad.

Hanefi Yeter

1947 wurde Yeter in Bayburt, Ostanatolien, geboren. »... Das Leben dort ist ein Leben wie vor tausend Jahren ... In einem solchen Ort bin ich 1947 nach acht Geschwistern geboren worden. Mein Vater ... starb, als ich neun Jahre alt war. Mit elf Jahren zog ich mit der ganzen Familie zusammen von dort fort. Das ist eine Wanderung, an der sich Tausende beteiligen. In der Türkei sind im Jahr 500.000 Menschen auf dieser Wanderung, um leben zu können. Sie wandern vom Dorf in die Stadt. Unsere erste Station war Izmir, eine Industriestadt. Wie Millionen Kinder auf der Welt mußte ich arbeiten. Ich verkaufte auf der Straße alles, was ein Kind verkaufen kann ... Ich hatte es besser als viele andere Kinder, weil ich nebenbei zur Schule gehen konnte.«[45]
1967 bis 1972 studierte Yeter an der Akademie der Schönen Künste in Istanbul bei Prof. Bedri Rahmi Eyüboğlu. Dieser malte zuerst wie die meisten anderen Künstler in Istanbul nach französischer Manier (Matisse, Dufy), später versuchte er, originäre heimische Kulturtraditionen mit Mitteln moderner Kunst zu beleben. Dazu studierte er die Ästhetik von Kelims, gewebten oder gebatikten Tüchern, Mosaiken etc. Yeter fand in ihm auch einen väterlichen Freund.
1972 folgte ein kurzer Aufenthalt in Paris.
1973 bis 1978 studierte Yeter an der Hochschule der Künste in Berlin mit einem Stipendium der türkischen Regierung. Er wurde Meisterschüler von Prof. Dietmar Lemcke. Danach bewarb er sich als Assistent an der Akademie in Istanbul — vergeblich, man hielt ihm vor, daß er zu wenig Türkisch könne! So kehrte Yeter wieder nach Berlin zurück, wo er seither als freischaffender Künstler lebt. Er bezog zunächst ein Atelier im Künstlerhaus Bethanien, später ein großes Atelier zusammen mit Akbar Behkalam.
1980 heiratete er die türkische Malerin Serpil.
1984/85 Fassadengestaltungen: Adalbertstraße/Ecke Waldemarstraße (*Kinderspiele* in Keramik) und Dresdner Straße (*Schlittschuhläufer*).

Hanefi Yeter war Mitbegründer des türkischen Akademiker- und Künstlervereines. Er ist wohl der bekannteste unter den Malern, die sich mit dem Thema Emigration befaßt haben. Insbesondere die Situation der großen türkischen Minderheit in Berlin Kreuzberg war ihm lange Zeit zentrales künstlerisches und politisches Anliegen.[46] »Ihre Sorgen sind andere in Deutschland. Es wird alles zum Problem: wohnen, umziehen, Kinder haben, sprechen, Angst vor der Ausweisung«.
Yeter thematisierte auch die Hintergründe der Auswanderung: Unterentwicklung, politische Unterdrückung, krasse gesellschaftliche Gegensätze. Er schuf dafür

monumentale Bilder, die mit überzeugenden Symbolen arbeiten, wie etwa dem Tisch der Reichen (*Die Pupillen der Hungernden*, Taf. I). Diese Bilder sind getragen vom großen Ernst eines politisch argumentierenden Künstlers, dem man anmerkt, daß er Zustände existentieller Not am eigenen Leib erfahren hat.

Am bekanntesten sind Yeters schöne, farbige Bilder seiner türkischen Landsleute in Berlin (Taf. II; Taf. III). Sie lagern auf bunten Teppichen am Mariannenplatz im Gras — die Schönheit der Gewänder, der blühenden Bäume, die Gelassenheit des geselligen Ausruhens schließen sie zu einer träumerischen, bunten Idylle zusammen, mitten im grauen Berliner Stadtbild. Yeters Bilder sind oft wehmütig, nie aber sarkastisch oder destruktiv. Immer ist implizit ein Appell an die deutsche Gesellschaft da, liebevolle Zwischenmenschlickkeit, intakte Natur, Freude an schönen, vollen Farbklängen nicht zu vergessen in der grauen, abweisenden Großstadthektik einer Stadt wie Berlin.

Von einer gewissen Sanftmut ist auch die Anklage der Bilder, die die Nöte der Jugendlichen beschreiben: die hilflosen Schulversager, die eingesperrten türkischen Mädchen (Abb. 18). Besonders sensibel nimmt Yeter die Probleme der Ausgegrenzten unserer Gesellschaft wahr: Insbesondere seine Bilder von abgeschobenen, ins Leere starrenden alten Frauen erschrecken. Ihre Isoliertheit stößt bei allen südländischen Emigranten auf Unverständnis und Kritik. In den letzten Jahren ist Yeter es müde geworden, als Maler der Emigranten abgestempelt zu werden, es kommt zu einer Verlagerung seiner Themen. Er möchte jetzt endlich als »Berliner« Maler akzeptiert werden.

Sein Stil kann als poetischer Realismus bezeichnet werden. Zeitweise setzt er sich mit Kolorit und Bildaufbau osmanischer Buchmalerei auseinander sowie mit den Traditionen türkischer Volkskunst (Taf. II; Abb. 16). Manche der poetisch-träumerischen Bilder erinnern an Marc Chagall, der als Emigrant in Paris gelebt und zeitlebens von seinem russischen Heimatdorf erzählt hat (Taf. III; Abb. 17). Vergleichbar ist die schwebende Labilität der Figuren, der pastose Auftrag leuchtender Farben. Yeter selbst beruft sich stilistisch auch auf Dix, Grosz, van Dongen — ohne allerdings deren Schärfe und Sarkasmus zu übernehmen. In den letzten Jahren ist eine gewisse Auflösung in Form- und Farbgebung sowie eine Zunahme expressiver Ausdrucksformen zu beobachten.[47]

Abbildungen: *Die Pupillen der Hungernden* (1977), (Taf. I); *Wir wissen es beide, Geliebte* (1976), (Taf. II); *Ein kurzer Schlaf in geliebten Armen* (1978), (Taf. III); *Analphabeten in zwei Sprachen* (1978), (Abb. 18); *Zurück* (1976), (Taf. IV)

Ausstellungen: 1973, Intergraphik, Berlin(Ost) / 1975, Kunstamt Kreuzberg, Berlin / 1977, Kunstamt Kreuzberg, Berlin / 1978, Kunstamt Kreuzberg, Berlin; Elefanten Press Galerie, Berlin; Hamburg; Kunstmuseum Bochum / 1979, Fabrik Kiel / 1980, Galerie Türkay, Stuttgart; Künstlerhaus Bethanien, Berlin / Neue Worpsweder Galerie, Worpswede; Rathaus Frechen; 1981, Produzenten Galerie, Zürich; Galerie Hartmut, Erlangen; Expositiezaal de Doelen, Rotterdam; Kulturzentrum Schlachthof, Kassel / 1982, Kunst-Verein, Offenbach; Galerie F. Françoise Friedrich, Köln; Galerie Schloß Oberhausen / 1983, Galerie Hilger, Wien; Museum des 20. Jahrhunderts, Wien; Galerie Hartmann, Kiel; Galerie Junge Künstler, Darmstadt; Stadtbibliothek, Berlin(Ost) / 1984, Haus am Waldsee, Berlin; Galerie Apex, Göttingen; Völkerkunde-Museum, Nürnberg; Übersee-Museum, Bremen; Bonn; Brüssel; Berlin / 1985, Galerie Chamissoplatz, Berlin / 1986, Große Orangerie, Berlin; Museum Bochum; Paulskirche Frankfurt; Stadtgalerie Saarbrücken; Kultur unterm Turm, Stuttgart.

Anmerkungen

(1) so zählt etwa Ismail Çoban zu den in der BRD meistausgestellten Künstlern. (Er steht auf Platz 9 von 40 Künstlern!) Siehe Zentrum für Kulturforschung, 1985, S. 7 ff

(2) siehe Katalog »Mehmet Aksoy«, 1982, S. 18

(3) dies und die folgenden Zitate siehe Akbar Behkalam: »Eine Geschichte«, in: Katalog: »Akbar Behkalam«, 1982, S. 46 ff

(4) siehe Katalog »Akbar Behkalam«, 1987, S. 17

(5) dies und die nächsten Zitate siehe »Annegret Jürgens-Kirchhoff im Gespräch mit Cecilia Boisier«, 1981, S. 166 ff

(6) dies und das nächste Zitat aus einer Einladung zu einer Ausstellung in Berlin: Cecilia Boisier: »Lichtblicke-Malerei«, 1985

(7) siehe Ohff, 1974, S. 61

(8) siehe Ohff, 1974, S. 62

(9) siehe Katalog »Vlassis Caniaris«, 1975

(10) siehe Vlassis Caniaris: »Über meine Ausstellung ›Gastarbeiter — Fremdarbeiter‹«, 1982, S. 85

(11) siehe »Vlassis Caniaris«, 1983. Darin: Michael Fehr: »Konkreter Realismus — Bemerkungen zum Werk Vlassis Caniaris«

(12) siehe Katalog »Ismail Çoban«, 1982 und Katalog 1980

(13) dies und das folgende Zitat: Katalog »Ihsan Ece«, 1985

(14) siehe dazu Ebrahim Ehrari: »Aserbeidschan — das Land der Feuer«, in: Ehrari, 1982, S. 21

(15) dies und die folgenden Zitate aus: Ebrahim Ehrari: »Lebenslauf«, in: Ehrari, 1982, S. 16 ff

(16) siehe Katalog »Fotis«, 1982. Darin: Ulrich Gertz: »Chatziioannides Fotis«

(17) aus einem Gespräch der Autorin mit Fotis von 1985

(18) siehe Katalog »Mehmet Güler«, 1985 und Edition Wiegand Köln: »Mehmet Güler«, o.J.

(19) aus einem Gespräch der Autorin mit Mehmet Güler von 1987

(20) siehe Katalog »Ergin Inan«, 1984

(21) siehe »Avocados . . .«, 1981, S. 102

(22) aus einem Gespräch der Autorin mit Azade Köker 1976

(23) siehe »Avocados . . .«, 1981, S. 108

(24) siehe Katalog »Azade Köker«, 1984

(25) dies und die nächsten Zitate aus: Mantovani, 1979, S. 37 ff

(26) aus einem Gespräch der Autorin mit Mantovani 1985

(27) aus einem Gespräch der Autorin mit Medagli 1986

(28) zitiert aus einem Brief von Medagli von 1985, siehe auch: Edition Galleria Panetta: »Giuseppe Medagli«, 1985

(29) vgl. z.B. Katalog »Aspekte der italienischen Kunst 1960-1985«, 1986

(30) aus einem Interview der Autorin mit Olivares 1985

(31) vgl. Piccolo, 1985, S. 139

(32) aus Piccolo, 1985, S. 141

(33) aus einem Programm für »PoliKunst« von 1986

(34) Titel der Jahrbücher siehe Literaturverzeichnis

(35) dies und die folgenden Zitate aus: »Angelika Stepken im Gespräch mit Jannis Psychopedis«, in: Katalog »Kunstquartier — Ausländische Künstler in Berlin«, 1982, S. 261

(36) siehe Katalog »Jannis Psychopedis«, 1980

(37) siehe Katalog »Jannis Psychopedis«, 1984

(38) siehe Katalog »Jannis Psychopedis«, 1983 und Katalog »Jannis Psychopedis«, 1985

(39) siehe »Metin Talayman erzählt von sich«, in: Katalog »Metin Talayman«, 1981, S. 10

(40) zitiert nach Elke Messer: »Redende Bilder«, in: Katalog »Metin Talayman«, 1981, S. 14

(41) Kerim Edinsel: »Die Angst zwischen Gestern und Morgen«, in: Katalog »Metin Talayman«, 1981, S. 26

(42) dies und das nächste Zitat aus: Dragutin Trumbetaš: »Schon mit 7 Jahren«, in Schaffernicht, 1981, S. 119 und 121

(43) Bei seiner Heimkehr nach Jugoslawien transportierte Trumbetaš einen ganzen Container voll Archivmaterial zur Emigrantensituation — bei einer Kontrolle wurden exilkroatische Zeitschriften gefunden, die ihm zum Verhängnis werden sollten (diese sind im Ausland überall frei verkäuflich). Trumbetaš wird angeklagt wegen »Mitführen und Verbreiten« von exilkroatischen Zeitschriften — dafür stehen 2 mal 10 Jahre! Breiter internationaler Protest und Intervention auf hoher politischer Ebene führten schließlich dazu, daß er nur zu 6 Monaten verurteilt wurde.

(44) siehe »Dragutin Trumbetaš«, 1977

(45) dies und das nächste Zitat aus: Hanefi Yeter »Zu Hause sein — In der Fremde« (geschrieben Berlin, August 1980), in: Katalog »Hanefi Yeter«, 1982, S. 10 ff

(46) siehe Katalog »Hanefi Yeter«, 1980

(47) siehe Katalog »Hanefi Yeter«, 1985

4. Einwanderung und Kunst in der Bundesrepublik Deutschland im Vergleich mit anderen Ländern

Zuletzt soll der Versuch unternommen werden, die Spezifika der Immigrationsgeschichte Westdeutschlands und ihres Niederschlages in der Kunst zu definieren und den Blick für die besonderen Merkmale durch den Vergleich mit anderen Einwanderungsländern und -epochen zu schärfen. Im Rahmen dieser Arbeit können nur punktuelle und summarische Gegenüberstellungen erfolgen. Dazu bietet sich methodisch an, einzelne Aspekte der komplexen Einwanderungssituation herauszugreifen und zu vergleichen. Entscheidend dafür scheint es, nach den Beweggründen für die Wanderung und nach den besonderen Bedingungen im Aufnahmeland zu fragen.

Künstler, die in die Bundesrepublik kommen, haben grob zusammengefaßt zwei verschiedene Motive: Einmal betrachten sie Deutschland als kulturelles Zentrum, zum anderen suchen sie politischen Schutz. Im ersten Fall fühlen sie sich von Kulturmetropolen wie Berlin oder München angezogen. Für andere Künstler wird Deutschland zum Exilland, vorübergehend — etwa für die Zeit von Militärdiktaturen in der Heimat — oder für immer.

Alle Künstler schätzen in der Bundesrepublik ein relativ liberales und demokratisches geistiges Klima, bessere ökonomische Bedingungen und die verhältnismäßig große Kaufkraft des Kunstmarktes.

Die Bundesrepublik als Exilland heute — ein Vergleich mit der Exilkunst der Nazizeit

Künstler aus Chile, aus dem Iran, der Türkei, zeitweise aus Griechenland (auch aus dem Ostblock — der in dieser Arbeit nicht untersucht wurde!) finden in Ländern wie der liberalen BRD die Möglichkeit, unzensiert Kunst ausüben zu können; phasenweise ist ihre Kunst politisch, aufklärerisch und anklagend: davon zeugen chilenische Wandmalereien aus den siebziger Jahren, die Pinochet anprangern oder etwa Behkalams aufwühlende Zyklen zum Khomeini-Regime.

Während der Nazizeit kam es zur Konstituierung von Kunstzentren in den Exilländern — etwa in Prag, Paris, London, New York.[1] Dorthin mußten deutsche Künstler aus rassischen oder politischen Gründen fliehen oder weil sie als »entartet« eingestuft und verfolgt wurden. Die rasante Ausbreitung des deutschen Faschismus führte zur Apokalypse des Zweiten Weltkrieges und des Völkermordes. Dies läßt sich zweifellos nicht mit der heutigen Situation gleichsetzen; dennoch sind die Erfahrungen, die die Opposition in Chile, im Iran, in der Türkei oder während der Militärdiktatur in Griechenland oder Spanien durchmachen mußte, im Einzelfall vergleichbar. Dies wird evident an der Kontinuität gewisser Themen auch in der Kunst[2]:

Verhöre und Folterszenen eines Clément Moreau oder Hermann Bruse aus den dreißiger oder vierziger Jahren sind durchaus vergleichbar mit den Bildern der Unterdrückung in Chile (Olivares, Taf. XV, Urrejola u.a.)[3], in der Türkei (Yeter, Aksoy, Ece, Çoban) oder in Griechenland (Caniaris, Psychopedis).

58 George Grosz, *Wir werden es Ihnen beibringen* 1935, Federzeichnung

Vergleichbar ist auch das Anliegen, die vielfältigen Facetten der Greuelregime in ganzen Zyklen auszubreiten: Clément Moreau etwa beschrieb im argentinischen Exil das Leben unter dem Faschismus in 200 Linolschnitten der *Comedia humana*. Lea Grundig floh nach Palästina und setzte dort die Arbeit an ihren graphischen Zyklen fort (*Im Tale des Todes*), Johannes Wüsten arbeitete im Prager und Pariser Exil für antifaschistische Exilzeitschriften, George Grosz schuf in New York 1936 eine Serie *Interregnum* (Abb. 58). Vierzig Jahre später entstehen in der Bundesrepublik anklagende Zyklen zum Terror im Iran, in der Türkei, in Chile: Behkalams *Alltag im Iran*, Çobans Zyklus *Fegefeuer*, Urrejolas Sequenzen von Folterszenen.

Heute wie damals entstehen Bilder der Flucht — etwa Lea Grundigs *Die Flucht beginnt* (1935) oder Çobans *Weg ins Ungewisse, Exodus* (1981): Auch das Motiv der Militärstiefel, die alles niedertrampeln, hat Kontinuität: bei George Grosz (*Interregnum*) und auch bei Aksoys Relief zum türkischen Militärputsch von 1980, das in Berlin entstand.

In den dreißiger Jahren wurden auch Bilder konzipiert, die sich um eine Gesamtschau des Regimes bemühten und historische Eckdaten der politischen Entwicklung verarbeiteten: Im Prager Exil arbeitete Heartfield an seinen Montagen für die AIZ weiter, Kokoschka malte in London 1939 *Das rote Ei*, ein Bild, das das Münchner Abkommen als Gelage der machthungrigen Großmächte schildert. Die bildhafte Grundidee der sich den Reichtum der Welt in ausschweifenden Gelagen aufteilenden und »einverleibenden« Unterdrücker findet sich auch bei Yeter und Behkalam (Taf. I).

Neben eher expressiv-realistischen Darstellungen der Greuel des Faschismus gab es auch symbolische und verschlüsselte Auseinandersetzungen: Max Ernsts *Europa nach dem Regen* entstand im Pariser Exil als Anspielung auf die Verheerungen des Hitlerkrieges. Auffallend ist auch » ... die Häufigkeit von Gleichnissen, Metaphern und Allegorien für bedrohte, zerstörte, sich wehrende Menschheit und Menschlichkeit. Ein augenfälliges Exempel ist die Tiersymbolik mit ihrer Verwurzelung in Jahrtausende alten intellektuellen wie Volkstraditionen, und mit ihrer Potenz, den Faschismus als tatsächlich menschen- und menschheitsfeindlich zu entlarven ...«[4] In diesem Zusammenhang ist etwa der Radierzyklus *Tiere und Menschen* von Hans Grundig zu nennen (Abb. 59).

59 Hans Grundig, *Brauner Terror* 1935, Radierung, (25x33cm), Berlin, Ladengalerie

Ähnlich verschlüsselte Darstellungsformen stellten wir bei Künstlern aus dem islamischen Kulturkreis fest, etwa in der Tiersymbolik Ehraris (vgl. Abb. 15): für das Bild des *Allmächtigen*, des Schahs, bediente er sich der Symbolik mörderisch spitzer Tierhörner. Çobans *In Erwartung des Orkans* (Taf. XIV) ist ein Gleichnis für die Angst vor militärischer Gewalt.
Allen Flüchtlingen, aber auch den Arbeitsemigranten in Westdeutschland ist gemeinsam, daß Sicherheit, Lebensperspektive, ja bisweilen das Überleben abhängig sind von gültigen Papieren: zum Thema wird heute wie vor fünfzig Jahren die ohnmächtige, oft unwürdige Ausgeliefertheit an die Bürokratie, die Verzweiflung der Staatenlosen — von Moreau ebenso wie von Yeter, Trumbetaš, Ece (Taf. IV; Abb. 25). Felix Nußbaum (Abb. 60) thematisiert im belgischen Exil die schicksalhafte Abhängigkeit von der Aufschrift »Jude« im Paß, Ihsan Ece (Abb. 25) heute die Ängste der Türken vor der Ausweisung, festgemacht an einem Stempel, der das Ende des Aufenthaltes bedeutet.
In der Thematisierung von Flucht und Terror heute lassen sich also durchaus Parallelen mit der Exilkunst von vor fünfzig Jahren ziehen. Bemerkenswert ist, daß auch nach fünfzig Jahren bei vielen Künstlern eher stilistische Kontinuitäten als radikale Stilunterschiede festzustellen sind. Die existentielle Betroffenheit und Bedrohtheit bringt wohl allgemein einen gewissen Hang zum Agitatorischen, zum Realismus, zur expressiven Verdeutlichung, auch zur Satire und Karikatur mit sich. Die in den zwanziger und dreißiger Jahren geführte Debatte um Möglichkeiten engagierter Kunst, die Auseinandersetzung um Realismus versus Formalismus spielt auch heute noch eine Rolle (vgl. Aksoys Abkehr vom Formalismus). Dazu kommt, daß eine Reihe sozialkritischer Künstler aus dem Ausland stolz ihre Verbundenheit mit den Großen der deutschen politischen Kunsttradition formulieren.
Vergleichbar ist auch die Neigung, sich im Ausland zu Künstlerorganisationen zusammenzuschließen: so entstanden der »Oskar Kokoschka-Bund« in Prag, der »Freie Künstlerbund« in Paris, der »Freie deutsche Künstlerbund« in London. Sie mußten viele Funktionen wahrnehmen und ein breites Spektrum von Erwartungen abdecken: angefangen bei der Hoffnung, vom Ausland her das Hitlerregime bekämpfen zu können, bis zur Organisation von Ausstellungen (etwa »5 Jahre Hitler-Diktatur«) und zu dem Ansatz, heterogene, desinteressierte Emigranten zu einem Zusammenschluß über gemeinsames Kulturinteresse zu bringen.

60 Felix Nußbaum, *Selbstbildnis*
1943, Öl/Leinwand, (54x47cm), Osnabrück

In der Bundesrepublik bildeten sich in den letzten Jahrzehnten eine Reihe von nationalen Künstlervereinigungen. Als Beispiele seien erwähnt der türkische Akademiker- und Künstlerverein in Berlin, dem Aksoy und Yeter lange angehörten (inzwischen aufgelöst), oder der türkische Künstlerverein in Nordrhein-Westfalen (SAN-DER), zu dem etwa Çoban und Ece zählen. Auch chilenische Kulturzentren entstanden — z.B. in Berlin (Cecilia Boisier u.a.). Es wurden Ausstellungen zu den Jahrestagen des politischen Umsturzes in der Heimat veranstaltet (Chile) oder zum 75. Geburtstag des Dichters Nazim Hikmet, der zur großen kulturellen und politischen Identifikationsfigur für viele Türken gerade in der Diaspora geworden war.[5]
Bemerkenswert ist, daß in der Bundesrepublik in den letzten Jahren auch der Versuch unternommen wurde,

polynationale Künstlervereinigungen zu gründen, so etwa »PoLiKunst« (der auch Fruttuoso Piccolo angehört).[6] Dem liegt die Überlegung zugrunde, daß verschiedene Ausländergruppen zusammen sich für multikulturelle und politische Forderungen effektiver einsetzen können. Dieser politisch richtige, aber für viele abstrakt bleibende Anspruch führt wohl zu einer beschränkten Reichweite solcher Zusammenschlüsse. Eine größere Rolle spielen demgegenüber nationale Kulturvereine, die es in fast allen größeren Städten gibt. Diese sind nicht so sehr auf politische Exilkunst im engeren Sinne festgelegt, sondern entwickeln sich eher zu Kulturpflegestätten ethnischer Minderheiten — sie dienen zur Bewahrung des kulturellen Erbes der Einwanderer-comunities. Bildende Kunst spielt dabei meist eine untergeordnete Rolle gegenüber Musik- und Literaturtraditionen. Wie vergleichbare Gruppen in anderen Einwanderungsländern haben auch sie mit den Gefahren einer konservativen, vergangenheitsorientierten Kulturpflege zu kämpfen.

Die Bundesrepublik als Ziel ökonomisch und kulturell motivierter Einwanderung im Vergleich

In den letzten Jahrzehnten kamen große Gruppen von Menschen aus peripheren, armen Ländern in die hochindustrialisierten europäischen Hauptstädte. Sie verließen ihr Land weniger wegen politischer oder rassischer Verfolgung, als in der Hoffnung auf Arbeit und bessere materielle Bedingungen. Nach Frankreich und England strömten Einwanderer aus den Kolonialstaaten, sie wurden als französische oder englische Staatsbürger angesehen. In die Bundesrepublik kamen Millionen von Arbeitsemigranten vor allem aus den Mittelmeerländern, wo sie angeworben worden waren zur temporären Arbeitsaufnahme, abhängig von der wirtschaftlichen Konjunktur.

Ihnen allen gemeinsam ist die Erfahrung der unterschiedlich entwickelten Industrialisierung sowie der anderen Religions- und Kulturzugehörigkeit. Dies macht die Lage der Einwanderer aus der Karibik oder aus Indien in England, der Algerier in Frankreich, der Türken, Marokkaner, Iraner in Westdeutschland grundsätzlich vergleichbar (anders war das bei den Flüchtlingen der Nazizeit, soweit sie in Nachbarländer mit ähnlicher kultureller und ökonomischer Situation kamen).

Es stellt sich nun die Frage, welche speziellen Einwanderungskomponenten in den verschiedenen Ländern vergleichbar sind, außerdem, ob und wie sich ähnliche Erfahrungen auch in vergleichbarer Weise in der Kunst niederschlagen. In diesem Zusammenhang fällt auf, daß viele Künstler einen Kulturschock erlitten haben und Kritik am Großstadtleben, an der hochtechnisierten Fabrikarbeit, am Verlust von Natur und kommunikativen Fähigkeiten artikulieren. Zugleich werden Ressentiments der Einheimischen erlebt, die arrogant auf die angeblich »unterentwickelten« Einwanderer respektive Gastarbeiter herunterschauen und religiöse und kulturelle Fremdheit als Bedrohung und unüberwindliche Barriere sehen, exotisches, gar dunkelhäutiges Aussehen als deutliches Fremdheitssignal fürchten. Diese Situation führte in allen Fällen zu subkultureller Segregation der Einwanderergruppen, d.h. zur Bildung geschlossener ethnischer Gruppen oder »Ausländerghettos« (wie auch immer man dieses Phänomen bezeichnen mag) zunehmend auch in der Bundesrepublik, obwohl hier die Gesetzgebung *keine* Einwanderung vorsieht.

In London wurde vor kurzem die erste großangelegte Ausstellung der Kunst von Einwanderern zusammengestellt unter dem Titel »From two worlds«.[7] Wie vermutet, finden sich bei den Künstlern aus dem englischen Commonwealth einige vergleichbare Themen wieder. So etwa bei Denzil Forrester, der heute in London lebt und dem natürlicheren ländlichen Leben seiner Kindheit in der Karibik mit seinen größeren Freiheiten nachtrauert. Dies läßt z.B. an Bilder von Yeter denken, die trotz seines heutigen Großstadtlebens in Berlin träumerischen Aufenthalt in ländlicher Idylle vergegenwärtigen (Taf. II; III).

Tam Joseph schildert gesellschaftliche Ungleichheit im neo-kolonialen Afrika: *Monkey dey Chop, Baboon dey Cry* (1983) (Abb. 61), zeigt den reichen Geschäftsmann im Mercedes, die Arroganz der Militärs, deren Eingreifen häufig die afrikanische Politik bestimmt, dumm

61 Tam Joseph, *Monkey dey Chop, Baboon dey Cry*
1983, Acryl/Leinwand, (151x182cm)

lächelnde Touristen, scheinheilige Missionare — auf der anderen Seite die arbeitende Eingeborene mit Kind auf dem Rücken, äußerste körperliche Strapaze und Hungerelend. Werke in der Art dieser Satire auf koloniale Ausbeutungsverhältnisse sind plausible Thematik eines Commonwealth-Einwanderers. Sie haben einen ähnlich analytischen Stellenwert wie manche Bilder, die Immigranten in der Bundesrepublik über ihre Herkunftsländer malten.
Zum Thema wird auch die besondere gesellschaftliche Unterdrückung der schwarzen Frau, so z.B. von Sonja Boyce. Sprachliche Wendungen von der vielfachen schweren Bürde, die die Frauen tragen müssen, werden ins Bild gesetzt — man erinnert sich an die plastischen Formulierungen der türkischen Bildhauerin Azade Köker (Abb. 21).
Keith Pipers aggressive Multimedia-Environments klagen alle Aspekte des alltäglichen Rassismus', der alltäglichen Benachteiligung, des Ausschlusses vom gesellschaftlichen Reichtum, von Arbeit und Bildung an, die in England zwar nicht de jure, aber de facto bestehen (Abb. 62).
Bei diesen jungen Einwandererkünstlern, die alle ihre künstlerische Ausbildung in England erhielten, fällt auf, daß sie sich zum Teil auch heute noch in eine Auseinandersetzung mit Rassismus und Kolonialismus begeben, teilweise mit durchaus avantgardistischen Mitteln. Anders in der Bundesrepublik: Hier waren es vor allem die Künstler der ersten Generation, die als Erwachsene auswanderten, die sich — meist in den ohnedies politisierten 70er Jahren — zu einer kritischen Auseinandersetzung berufen fühlten. Die Jüngeren, die hier ausgebildet wurden, wenden sich häufig von diesem Themenkreis ab, ja sie lehnen es sogar ab, auf ihre Emigrationssituation angesprochen zu werden. Sie legen größten Wert auf selbstverständliche Zugehörigkeit zur *deutschen* Kulturszene (etwa Adem Yilmaz in Köln).[8]
Dieser Unterschied verwundert nicht vor dem unterschiedlichen politischen Hintergrund: Die Einwanderer in England haben seit Jahrzehnten die englische Staatsbürgerschaft und volle politische (wenn schon nicht gesellschaftliche) Mitsprache. Dies ermöglicht eine andere politische Stoßkraft: Die seit Jahrzehnten diskriminierten Bevölkerungsgruppen bilden ein großes Protestpotential, das wesentlich aggressivere Auseinandersetzungen führt, als es sie bisher in der Bundesrepublik gegeben hat. Die Aufstände im Londoner Schwarzen-

62 Keith Piper, *The Spirit will not Descend without Song*, 1986,
verschiedene Materialien/Kassettenrecorder, (320x600x600cm)

viertel Brixton von 1981 waren direkt gegen Entrechtung und Rassismus gerichtet.

Der Vergleich mit anderen Einwanderungsländern läßt zusammenfassend folgende Hauptcharakteristika der Situation in der Bundesrepublik formulieren:

1. In der Bundesrepublik erfolgte erst allmählich ein Übergang von einer Arbeitsimmigration zu einer Einwanderung ethnischer Minderheiten. Dies findet seinen unmittelbaren Niederschlag in der häufigen Thematisierung der Arbeitswelt sowie in den extremen Isolations- und Fremdheitsgefühlen der in der Anfangszeit alleinstehenden »Gastarbeiter« in der Kunst (Trumbetaš, Ece, Piccolo, Talayman)

2. Prägend ist die permanente Abhängigkeit vom Ausländergesetz und den Ausländerbehörden auch nach langjährigem Aufenthalt, die in vielen »Stempelbildern« von Yeter oder Ece zum Ausdruck kommt.

3. Typisch für Westdeutschland ist die stark orientalische Komponente durch den Zuzug insbesondere von Türken, die die größte Ausländergruppe bilden und das Straßenbild der Großstädte durchaus verändert haben. Unterschiede in Religion und Kultur führen zur Verunsicherung sowohl der Einwanderer als auch der Einheimischen, insbesondere zu Zeiten ökonomischer und gesamtgesellschaftlicher Krisen, die auch in vielen anderen Ländern mit Identitätsverlusten und Existenzängsten verbunden sind. Normenunterschiede und Rassismus werden auch in der Kunst thematisiert, zudem lassen sich einzelne typisch orientalische Züge in der Ästhetik mancher Werke ausmachen.

Die permanente Bedrohung durch ein spezielles Ausländergesetz, das politische Rechtlosigkeit und die Gefahr der Ausweisung in sich birgt, führt bei vielen Ausländern zu Gefühlen von Ohnmacht, Apathie oder Angst. Offener Widerstand erscheint risikoreich. So erklärt sich vielleicht auch, daß Werke, die sich mit der Benachteiligung von Ausländern kritisch auseinandersetzen, meist eher einen Zug ins Traurige als ins Wütende haben (Yeter, Ece ...).

Charakteristisch für die Situation in der Bundesrepublik ist überdies die extreme Verunsicherung der Immigranten durch eine unklare Lebensperspektive. Die beharrliche Weigerung bundesdeutscher Politiker, den Aufenthaltsstatus der Ausländer verläßlich zu verfestigen und die Abhängigkeit der Ausländerpolitik von den zyklischen Schwankungen des Arbeitsmarktes führen zu einer permanenten Bedrohung durch Arbeitslosigkeit und in deren Gefolge zur Gefahr der Abschiebung. Psychische Labilität, Ängstlichkeit und schwere Identitätskrisen können die Folge sein. Besonders Jugendliche, die mit der Lebensweise Deutscher konfrontiert und zugleich von ihren Eltern für eine mögliche Rückkehr in die Heimat erzogen werden, können in Identitätsdiffusion oder sogar Identitätsspaltung geraten. Solche Themen und psychische Konstellationen werden bisweilen explizit dargestellt (Yeter, *Wohin gehöre ich*; Piccolo, *Identität*, Taf. XXIV), bisweilen lassen sie sich als implizite Grundhaltungen herauslesen: in einem melancholisch-depressiven Unterton oder im ambivalenten Umgang mit dem eigenen kulturellen Hintergrund.

Anmerkungen

(1) Karl-Ludwig Hofmann: »Exilland Tschechoslowakei. Ein Zentrum der antifaschistischen Satire«, in: Katalog »Widerstand statt Anpassung«, 1980, S. 87
Heidrun Schröder-Kehler: »Deutsche Künstler im französischen Exil«, in: Katalog »Widerstand ...«, 1980, S. 127
Michael Schwarz: »Antifaschistische Kunst und Kulturarbeit im Exilzentrum London«, in: Katalog »Widerstand ...«, 1980, S. 157
Katalog »Kunst im Exil in Großbritannien 1933-45«, 1986

(2) siehe »Bildthematische Zusammenstellungen«, im Katalog »Widerstand ...«, 1980, S. 191 ff

(3) siehe Katalog »Kunstquartier — Ausländische Künstler in Berlin« (Emilio Miguel, Fernando Urrejola u.a.), 1982

(4) siehe Harald Olbrich: »Kunst und antifaschistischer Widerstand — Gegensätze, Verschiedenheiten und Einheit«, in: »Widerstand ...«, 1980, S. 87

(5) Katalog »Nazim Hikmet«, 1977

(6) PoLiKunst Jahrbuch 1983
PoLiKunst Jahrbuch 1984
Polynationaler Literatur- und Kunstverein, 1985

(7) siehe Katalog »From Two Worlds«, 1986

(8) siehe Katalog »Adem Yilmaz«, 1986 und Katalog »Das andere Land«, 1986

Literaturverzeichnis

»Aber die Fremde ist in mir — Migrationserfahrung und Deutschlandbild in der türkischen Literatur der Gegenwart«, in: »Zeitschrift für Kulturaustausch«, 1985/1
Akçam, Dursun: »Deutsches Heim, Glück allein«, Lamuv Verlag, Bornheim-Merten 1982
Katalog »Mehmet Aksoy — Skulpturen«, Kunstamt Kreuzberg, Berlin 1982
Katalog »Aspekte der italienischen Kunst 1960-1985«, Frankfurter Kunstverein etc., Hrsg.: Nuove edizioni, Gabriele Mazzotta, Milano 1986
»Avocados auf deutschen Kartoffelfeldern? — Die türkische Bildhauerin Azade Köker im Gespräch mit Olav Münzberg«, in: »Ästhetik und Kommunikation« Nr.44, Berlin 1981
Ataöv, Türkkaya: »Turkish Painting«, Ankara 1979

Balkenhol, Thomas: »Karikatürkei 1946-1981«, Buntbuch Verlag, Hamburg 1981
Katalog »Akbar Behkalam«, Kunstamt Kreuzberg, Frölich & Kaufmann, Berlin 1981
»Akbar Behkalam — Flucht und Annäherung«, Volker Martin (Hg.), Frölich & Kaufmann, Berlin 1984
Katalog Akbar Behkalam »Bewegung und Veränderung, Bilder und Zeichnungen 1976-86«, Staatliche Kunsthalle Berlin, 1987
Blaschke, Jochen/Greussing, Kurt (Hg.): »Dritte Welt« in Europa, Probleme der Arbeitsimmigration, Express Edition, Berlin 1985
Blechner, Gerda: »Es steht mir auf die Stirn geschrieben«, Gedichte und Zeichnungen von psychisch kranken ausländischen Arbeitnehmern, Express Edition, Berlin 1985
Boisier, Cecilia: »Zur Geschichte der chilenischen Malerei und zur Rolle der Künstlerinnen«, in: Katalog »Chilenas — 40 Künstlerinnen zum Thema Zensur und Exil«, Kunstamt Kreuzberg, Berlin 1983
Brecht, Bert: »Flüchtlingsgespräche«, entstanden 1940/41 in Finnland. In: Bert Brecht, Gesammelte Werke 14, Prosa 4, Suhrkamp Verlag, Frankfurt 1967

Katalog »Vlassis Caniaris — Gastarbeiter — Fremdarbeiter«, Neue Gesellschaft für bildende Kunst (Hg.), Berlin 1975
Caniaris, Vlassis:»Über meine Ausstellung ›Gastarbeiter — Fremdarbeiter‹ «, in: Fehr, Michael (Hg.):»Kultur im Migrationsprozeß«, a. a. O., 1982
Katalog »Vlassis Caniaris«, Museum am Ostwall, Dortmund 1983
Carvacho, Victor: »Pintura chilena contemporánea«. Ministerio de Educación, Santiago 1978
Castles, Stephen: »Migration und Rassismus in West-Europa«, Express Edition, Berlin, erscheint ca. 1988
Chiellino, Gino: »Literatur und Identität in der Fremde«, Augsburg 1985
Katalog »Chilenas — Drinnen und Draußen — 40 Künstlerinnen zum Thema Zensur und Exil«, Neue Gesellschaft für bildende Kunst und Kunstamt Kreuzberg, Berlin 1983
Katalog »Chilenische Kunst heute«, Staatliche Galerie Moritzburg, Halle (DDR) 1981
Katalog »Ismail Çoban«, Kulturverwaltung der Stadt Bergkamen (Hg.), 1980
Katalog »Ismail Çoban — Zeichnungen zum Thema ›Fegefeuer‹ und zum ›Epos des Scheich Bedreddin‹ «, Galerie Gottfried Murbach (Hg.), Zürich 1982
Katalog »Ismail Çoban — Gemälde, Zeichnungen, Druckgrafik«, Kunsthalle Recklinghausen, 1985
Costanza, Mary S.: »Bilder der Apokalypse — Kunst in Konzentrationslagern und Ghettos«, Kindler, München 1983

Katalog »Das andere Land — Ausländische Künstler in der Bundesrepublik«, Edition Deplana Kunsthalle G.m.b.H., Berlin 1986
Katalog »Die in der Fremde arbeiten — Zeichnungen und Karikaturen«, Trikont, Duisburg 1983
Katalog »Dreihundert Jahre danach — Türken 1683-1983«, Museum moderner Kunst/Museum des 20. Jahrhunderts, Wien 1983

Katalog »Ihsan Ece — Gemälde, Zeichnungen, Collagen und druckgraphische Zyklen«, Düsseldorf 1985
Ebrahim Ehrari: »Gemischte Gefühle. Radiertechniken und Grafik«, Berlin 1982
Eidener, Hans: »Hellenen-Philhellenen — ein historisches Mißverständnis?«, in: Barbara Hoffmann (Hg.), »Reisehandbuch Griechenland«, Express Edition, Berlin 1985
»El Frente. Ein Gespräch«, in »Linkskurve« Nr. 2, Juli/September 1981
»Exil und Widerstand — damals — heute«, in: »Tendenzen« Nr. 153, März 1986

Katalog »Faschismus — Renzo Vespignani«, Neue Gesellschaft für bildende Kunst, Berlin 1976
Fehr, Michael (Hg.): »Kultur im Migrationsprozeß — Tendenzen einer neuen europäischen Kultur«, Ararat Verlag, Berlin 1982
Fohrbeck, Dorothea: »Türkische Kulturarbeit in der Bundesrepublik Deutschland«, Kulturpolitische Gesellschaft e.V., Dokumentation 17, Bonn 1983
Katalog »Fotis — Bronzen, Zeichnungen«, Galerie Hans Barlach, Hamburg 1982

Katalog »From Two Worlds«, Whitechapel Art Gallery, London 1986
»Fünf Jahre PoLiKunst«, in: »Die Brücke« Nr. 28, Saarbrücken, Januar 1986

Glück, Eva: »Türkisches Kulturleben in der BRD — aufgezeigt am Beispiel zeitgenössischer Malerei«, Diplomarbeit, Pädagogische Hochschule Schwäbisch Gmünd, 1986
Katalog »Mehmet Güler — Vergangenheit in der Sonne — 1970-1985«, Kunstamt Kreuzberg, Ararat Verlag, Berlin 1985
Katalog »Mehmet Güler — Durch die glühende Hitze — Holzschnitte 1969-1985«, Edition Wiegand, Köln o.J.

Haller, Ingrid: »Reproduktion des Subproletariats ausländischer Arbeitskräfte von morgen — Leistung der deutschen Schule?«, in: »Widersprüche« Heft 9, Verlag 2000, Offenbach 1983
Hetmann, Frederik: »Zwei unter uns — Akbar Behkalam und Hanefi Yeter«, Ararat Verlag, Berlin 1984
Katalog »Nazim Hikmet — Sie haben Angst vor unseren Liedern«, Türkischer Akademiker- und Kunstverein e.V., Berlin 1977
Holz, Hans Heinz: »Kritische Theorie des ästhetischen Zeichens«, in: Katalog der Documenta 1972, Kassel

Katalog »Ich lebe in Deutschland — sieben türkische Künstler in Berlin«, Künstlerhaus Bethanien (Hg.), Berlin 1984
Katalog »Ergin Inan — Bilder und Grafiken«, Staatliche Kunsthalle Berlin, 1984
Ipsiroğlu, M. S.: »Das Bild im Islam«, Wien, München 1971

Kotzmani, Maria: »Hauptformen der griechischen bildenden Kunst und ihre Entwicklung«, in: Michael Fehr (Hg.): »Kultur im Migrationsprozeß — Tendenzen einer neuen europäischen Kultur«, Ararat Verlag, Berlin 1982
»Künstler in der 3. Welt«, in: »Tendenzen« Nr. 146, April/Juni 1984
»Kultur in der Emigration«, in: »Informationsdienst zur Ausländerarbeit« Nr. 4/83, Institut für Sozialarbeit und Sozialpädagogik, Frankfurt 1983
Katalog »Kunst im Exil in Großbritannien 1933-45«, Neue Gesellschaft für bildende Kunst, Frölich & Kaufmann, Berlin 1986
Katalog »Kunstquartier — Ausländische Künstler in Berlin«, Interessengemeinschaft Berliner Kunsthändler e.V., Berlin 1982

»Literatur und Kunst der Immigration«, in: »Die Brücke« Nr. 25, Saarbrücken, Juni/Juli 1985

Adelchi-Riccardo Mantovani: »Kampf gegen die Ungeheuer, die uns umgeben«, in: »Incontri« — Zeitschrift für Italiener und Deutsche, Nr. 10, Berlin, Oktober 1979
»Giuseppe Medagli — La pittura della memoria, o della citazione«, mit Beiträgen von Maurizio Calvesi, Marisa Vescovo, Andreas Steffens, Edition Galleria Panetta, Mannheim 1985
»Mehmet kam aus Anatolien«, Kunstamt Kreuzberg (Hg.), Berlin 1975
»Morgens Deutschland, abends Türkei«, Kunstamt Kreuzberg (Hg.), Frölich & Kaufmann, Berlin 1981

Nungesser, Michael: »Mehmet Güler — Erinnerungsarbeit in Bildern zwischen Deutschland und der Türkei«, in: »Umbruch«, 5. Jg., Nr. 3, Frankfurt, Juli 1986
Nungesser, Michael: Ausstellungskonzeption und Einführung in: Katalog »Kunstquartier — Ausländische Künstler in Berlin«, Interessengemeinschaft Berliner Kunsthändler e.V., 1982

Ohff, Heinz: »Wenn die Dinge fremd werden. Vlassis Caniaris — ein Grieche im Exil«, in: »Magazin Kunst«, 3/1974
Ören, Aras: »Was will Niyazi in der Naunynstraße«, Rotbuch-Verlag, Berlin 1973
Ören, Aras: »Privatexil«, Rotbuch-Verlag, Berlin 1977

Pazarkaya, Yüksel: »Rosen im Frost« — Einblicke in die türkische Kultur, Zürich 1982
Piccolo, Fruttuoso: »Arlecchino ›Gastarbeiter‹ — Gedichte und Collagen«, Postskriptum Verlags G.m.b.H., Hannover 1985
PoLiKunst Jahrbuch 1983: »Ein Gastarbeiter ist ein Türke«
PoLiKunst Jahrbuch 1984: »Der Tanz der Fremden«, PoLiKunst, Augsburg, Radaustr. 19 E
Polynationaler Literatur- und Kunstverein: »Lachen aus dem Ghetto«, Mandala Verlag, Peter Meyer Klingelbach, Pf. 60, Katzenelnbogen, 1985
Katalog »Jannis Psychopedis — Arbeiten 1978-79«, Berliner Künstlerprogramm DAAD, 1980
Katalog »Jannis Psychopedis«, Zoumboulakis Galerie, Athen 1983
Katalog »Jannis Psychopedis — ›Der Brief, der nie ankam. . .‹ — Materialbilder 1978-83«, Staatliche Antikensammlungen und Glyptothek, München 1984
Katalog »Jannis Psychopedis 1982-84«, Zoumboulakis Galerie, Athen 1985

Rice, David Talbot: »Islamic Art«, London 1975
Romero, Antonio: »Historia de la pintura chilena«, Santiago 1960
Roth, Jürgen/Taylan, Kamil: »Die Türkei — Republik unter Wölfen«, Lamuv Verlag, Bornheim-Merten 1981

Schaffernicht, Christian (Hg.): »Zu Hause in der Fremde«, Verlag Atelier im Bauernhaus, Fischerhude 1981
Schmitt, Eberhard (Hrsg.): »Türkei Bd. I — Politik, Ökonomie, Kultur«, Express Edition, Berlin 1985
Schulte, Axel u.a.: »Ausländer in der Bundesrepublik«, Materialis Verlag, Frankfurt 1985
»Serpil«, Kunstamt Neukölln (Hg.), Berlin 1984
Seven, Ömer: »Türkei zwischen Militärherrschaft und Demokratie«, VSA-Verlag, Hamburg 1984
Spaich, Herbert: »Fremde in Deutschland — unbequeme Kapitel unserer Geschichte«, Beltz Verlag, Weinheim und Basel 1981
Spaich, Herbert: »Asyl bei den Deutschen«, Rowohlt, Reinbek 1982
Staeck, Klaus/Karst, Inge (Hg.): »Macht Ali deutsches Volk kaputt?«, Steidl Verlag, Göttingen 1982

Katalog »Metin Talayman«, Kunstamt Neukölln (Hg.), Frölich & Kaufmann, Berlin 1981
Katalog »Ohannes Tapyuli — Zeichnungen 1973-79«, Städtische Galerie Nordhorn (Hg.), 1979
Theweleit, Klaus: »Männerphantasien«, Verlag Stroemfeld/Roter Stern, Frankfurt 1978,
Katalog »Torso als Prinzip«, Kasseler Kunstverein, 1982
»Dragutin Trumbetaš — Gastarbeiter«, Büchergilde Gutenberg, Frankfurt 1977
Katalog »Die Türken vor Wien — Europa und die Entscheidung an der Donau 1683«, Eigenverlag der Museen der Stadt Wien, 1983

Katalog »Türkische Kunst und Kultur aus osmanischer Zeit«, Verlag Aurel Bongers, Recklinghausen 1985

Katalog »Überall Bahnhof« — Malerei und Skulptur türkischer Künstler in Berlin, Mozaik Bd. I, Verlag Arenhövel, Berlin 1987

Vila, Waldo: »Pintura joven«, Santiago 1973

Katalog »Wandbild Mexiko«, Nationalgalerie Berlin, Frölich & Kaufmann, 1982

Weber, Eva: »Gastarbeiterkultur« — Bedrohung oder Bereicherung?, in: »Links« Nr. 170/84, Offenbach

Weber, Eva: »Kunst in der Emigration — Kunst im Wandel — Skizzen zu Ikonologie und Stil«, in: Katalog »Das andere Land — ausländische Künstler in der Bundesrepublik Deutschland«, Deplana Kunsthalle G.m.b.H., Berlin 1986

Weber, Eva: »Anmerkungen zur Kunstgeschichte der Türkei und zu den kulturellen Wechselbeziehungen zwischen Orient und Okzident«, in: Katalog »Türkisches Leben« — Kunst und Kultur, Mozaik Band II, (750 Jahre Berlin), Verlag Arenhövel, Berlin 1987

Katalog »Weltkulturen und Moderne Kunst«, Verlag Bruckmann, München 1972. Insbesondere darin: Horst Ludwig: »Aspekte zur orientalischen Ornamentik und zur Kunst des 20. Jahrhunderts«

Werkkreis Literatur der Arbeitswelt (Hg.): »Sehnsucht im Koffer«, Fischer Taschenbuch Verlag, Frankfurt 1981

Katalog »Widerstand statt Anpassung — Deutsche Kunst im Widerstand gegen den Faschismus 1933-45«, Elefanten Press Verlag, Berlin 1980

Katalog »Hanefi Yeter — ein türkischer Realist«, Elefanten Press Galerie, Berlin 1978

Katalog »Hanefi Yeter — ein türkischer Maler in Berlin«, Künstlerhaus Bethanien, Berlin 1980

Katalog »Hanefi Yeter — 1969-1982«, Volker Martin (Hg.), Verlag Frölich & Kaufmann, Berlin 1982

Katalog »Hanefi Yeter — Traum und Tanz«, Volker Martin (Hg.), Berlin 1985

Katalog »Adem Yilmaz — Der Verfemte Ort — Skulpturen: Innen/Außeninstallationen«, Annosaal, Stollwerck, Köln 1986

Zentrum für Kulturforschung: »Von dort aus . . . Ausländer in unserem Kunstbetrieb«. Gutachten und Dokumentation von Dorothea Fohrbeck, Karla Fohrbeck u.a. zu einem Ausstellungsprojekt »Ausländische Künstler in der BRD«. (unveröffentlichte Erhebung über 450 Künstler aus 45 Ländern), Bad Godesberg, Hochkreuzallee 89, Bonn 1985